汽车发动机
构造原理与诊断维修

顾惠烽　等编著

化学工业出版社

·北京·

本书主要介绍汽车发动机的基本原理和构造、故障诊断分析方法及要领、拆装操作步骤等。内容涵盖发动机各大总成和关键零部件，如曲柄连杆机构、配气机构、冷却润滑系统、燃料供给系统和电控系统等。全书图文并茂，以彩图为主介绍，语言文字通俗易懂，复杂的操作内容结合视频进行讲解，实用性强。

本书适合汽车维修技术人员使用，也可作为职业技术院校汽车相关专业及汽车维修培训机构的参考教材。

图书在版编目（CIP）数据

汽车发动机构造原理与诊断维修 / 顾惠烽等编著. —北京：化学工业出版社，2019.11（2023.4重印）
ISBN 978-7-122-35129-6

Ⅰ.①汽… Ⅱ.①顾… Ⅲ.①汽车-发动机-构造②汽车-发动机-车辆修理　Ⅳ.①U472.43

中国版本图书馆 CIP 数据核字（2019）第 191687 号

责任编辑：黄　滢　　　　　　　　　　　　文字编辑：冯国庆
责任校对：边　涛　　　　　　　　　　　　装帧设计：王晓宇

出版发行：化学工业出版社（北京市东城区青年湖南街13号　邮政编码100011）
印　　装：涿州市般润文化传播有限公司
787mm×1092mm　1/16　印张14　字数349千字　2023年4月北京第1版第3次印刷

购书咨询：010-64518888　　　　　　　　　售后服务：010-64518899
网　　址：http://www.cip.com.cn
凡购买本书，如有缺损质量问题，本社销售中心负责调换。

定　　价：88.00元　　　　　　　　　　　　　　　　　　版权所有　违者必究

随着我国汽车产业的迅猛发展和百姓收入的持续增加,汽车进入家庭的步伐逐年加快,国内私家车的保有量也逐年增加,汽车日渐成为人们日常生活和工作必不可少的交通工具。汽车保有量的不断增加,也带动了汽车维修行业的快速发展,新技术、新知识、新结构在汽车上的应用层出不穷,这也使得汽车发动机越来越复杂,因而对汽车维修人员提出了更高的要求。一线维修人员必须掌握汽车维修的基本知识,熟悉汽车检测设备的使用、汽车故障诊断与维修的基本方法,并拥有大量的资料,不断更新、充实自己,以适应日新月异的现代化汽车维修产业的发展。

本书从汽车维修工人日常维修工作实际出发,系统介绍了汽车发动机的基本构造和原理,曲柄连杆机构、配气机构、冷却系统、润滑系统、燃油供给系统、电控系统等主要总成及关键零部件的结构、功用、拆装、检测等维修技术,并结合具体案例介绍了发动机常见故障的诊断与维修方法。

本书在编写过程中以行业规范为依托,注重知识性、系统性、实操性相结合,力求以直观的方式将实用的内容呈现给读者。全书在讲解过程中充分发挥了图解的特色,以"全彩图解＋简洁文字"的形式向读者传授发动机维修知识,一目了然、通俗易懂。

此外,对于难度较大的知识点和复杂的操作内容,还专门配备了"教学视频"。视频以二维码的形式呈现,读者学习时可通过手机扫描书中的二维码,同步、实时地浏览对应知识点的数字媒体资源。数字媒体资源与图文资源相互衔接、互为补充,可充分调动学习者的主观能动性,确保学习者在短时间内获得最佳的学习效果。

为了确保专业品质,本书的彩色图文内容和录制的教学视频均由一线教学专家团队编写和制作而成。参加本书编写的人员有顾惠烽、罗永志、李志松、彭川、陈浩、李金胜、丘会英、周迪培、顾森荣、冼锦贤、冼绕泉、黄木带、陈志雄、冼志华、黄俊飞。

限于笔者水平,书中疏漏之处在所难免,恳请广大读者批评指正。

编著者

目录

第一章 发动机维修安全操作规范及工具设备 / 1

第一节 维修场地作业安全要求与6S / 1
第二节 翻转架的使用和规范 / 5
第三节 拆装工具的选用及要求 / 5

第二章 发动机总成基础知识 / 9

第一节 发动机总成概述 / 9
第二节 发动机的基本类型 / 12
第三节 往复活塞式发动机的工作原理 / 12
第四节 发动机维修常用术语图解 / 16

第三章 发动机曲柄连杆机构 / 21

第一节 曲柄连杆机构的结构组成与功用 / 21
第二节 气缸盖维修 / 22
第三节 油底壳维修 / 26
第四节 活塞连杆组维修 / 28
第五节 飞轮维修 / 32
第六节 曲轴维修 / 34
第七节 曲柄连杆机构的检测 / 37
第八节 发动机曲柄连杆机构常见故障案例分析 / 40

目录

第四章 04 发动机配气机构 / 45

- 第一节　配气机构的组成与功用　/ 45
- 第二节　正时链条的拆装　/ 46
- 第三节　气门杆密封件维修　/ 59
- 第四节　凸轮轴维修　/ 66
- 第五节　配气机构的检测　/ 70
- 第六节　发动机配气机构常见故障案例分析　/ 74

第五章 05 发动机冷却系统 / 78

- 第一节　发动机冷却系统的组成与功用　/ 78
- 第二节　冷却水泵传动皮带的拆装　/ 80
- 第三节　冷却水泵维修　/ 82
- 第四节　散热器维修　/ 84
- 第五节　散热风扇维修　/ 88
- 第六节　节温器简介　/ 90
- 第七节　冷却系统的检测　/ 92
- 第八节　发动机冷却系统常见故障案例分析　/ 93

第六章 06 发动机润滑系统 / 96

- 第一节　发动机润滑系统的组成与功用　/ 96
- 第二节　机油滤清器维修　/ 98
- 第三节　机油泵维修　/ 100
- 第四节　机油泵零部件与齿轮式机油泵　/ 103
- 第五节　润滑系统的检测　/ 106
- 第六节　发动机润滑系统常见故障案例分析　/ 109

目录

第七章 07 汽油发动机燃油供给系统 / 112

- 第一节　汽油发动机燃油供给系统的作用与组成 / 112
- 第二节　燃油泵的结构及工作原理 / 115
- 第三节　燃油泵控制单元的拆装 / 116
- 第四节　喷油器维修 / 117
- 第五节　燃油滤清器的结构及工作原理 / 120
- 第六节　高压油泵的拆装 / 120
- 第七节　燃油供给系统其他零件的作用及工作原理 / 122
- 第八节　汽油发动机燃油供给系统的诊断 / 127
- 第九节　汽油发动机燃油供给系统常见故障案例分析 / 131

第八章 08 柴油发动机燃油供给系统 / 137

- 第一节　燃油系统概述及功能介绍 / 137
- 第二节　燃油箱的组成及作用 / 140
- 第三节　燃油泵、燃油滤清器和加热装置 / 142
- 第四节　燃油槽 / 143
- 第五节　混合气制备装置的组成及作用 / 144
- 第六节　更换燃油滤清器 / 149
- 第七节　更换高压泵 / 149
- 第八节　更换喷油嘴 / 152
- 第九节　柴油发动机燃油供给系统常见故障案例分析 / 155

第九章 09 发动机电控系统 / 158

- 第一节　发动机电控系统概述 / 158
- 第二节　车辆诊断系统 / 162
- 第三节　进气系统 / 164
- 第四节　电控点火系统 / 178
- 第五节　排放控制系统 / 193
- 第六节　发动机电控系统常见故障案例分析 / 205

参考文献 视频索引 / 218

第一章
发动机维修安全操作规范及工具设备

第一节　维修场地作业安全要求与 6S

1. 汽车维修工作安全内容与要求

安全是做好一切工作的重要前提。在汽车维修过程中,维修人员的人身安全要得到全方位的保护,尤其要预见到可能的伤害。通过严格的安全制度、规范的操作流程、完善的劳动纪律来保证维修人员的安全,做到安全第一,预防为主,培养维修人员安全操作的习惯。

(1) 场地安全设施

❶ 配备消防设施。汽车维修车间的电气设备比较多,电路纷繁复杂,是一个易发生火灾的地方。汽车维修车间应配备消防设施,同时应注意消防器材的保养与维护,若所配置的灭火器已失效或已到报废年限,必须及时更换。

❷ 粘贴安全标示标志。一般汽车维修车间的设备和墙壁等处都贴有各类安全标示标志,主要有禁止类标志和警示类标志两种。这些安全标示标志提醒维修人员在使用机械、电器等设备时,应注意安全,避免造成人身伤害或是设备损坏。

a. 禁止类标志是提醒人们不允许做的事(图 1-1-1)。

图 1-1-1　禁止类标志

b. 警示类标志是提醒人们在工作时要注意的内容（图 1-1-2）

图 1-1-2　警示类标志

❸ 设立有害物质集中收集地点。汽车修理作业过程中会产生废油、废液等有害物质。为了维护安全工作，在汽车维修车间应设立废油、废液、废蓄电池、废轮胎及垃圾等有害物质的集中收集地点，且收集地点存储区域应该有隔离、控制措施。

❹ 安装废气排放净化装置。在汽车维修作业过程中，车辆会排出一氧化碳、碳氢化合物等有害气体，这些有害气体对环境和维修人员的身心健康会造成巨大危害。为消除这些有害气体，涂漆车间应设立废气排放净化及处理设施，采用干打磨工艺的应有粉尘收集装置，涂漆车间应有通风设备，调试车间或工位还应设立汽车废气收集、净化装置。

（2）汽车维修作业安全

❶ 使用汽油的安全规则。

a. 维修车间和场地必须充分通风。

b. 修理汽油箱前，应用专用溶液或水清除油箱内的残余油气。在清洗时不得吸烟，不得在旁边烘烤零件或点燃喷灯。

c. 应尽量避免用嘴吹、吸汽油管和燃料系统孔道。

d. 存放汽油的地方应标明"易燃"字样。

e. 废油应倒入指定废油桶收集，不得随地倒流或倒入排水沟内，防止废油污染（图 1-1-3）。

图 1-1-3　禁止随地倒流废弃液

❷ 启动发动机时的安全规则。

a. 发动机启动前应首先检查各部位的装配工作是否已全部结束，油底壳内的机油、散热器的冷却水是否加足，变速杆是否处于空挡并拉紧手制动器。

b. 被调试的发动机，应具有完好的启动装置。

c. 在工厂里调试发动机时，应打开门窗，使空气畅通，并尽可能将排气管排放的废气接出室外。

d. 发动机启动后，应及时检查各仪表工作是否正常。

e. 在发动机运转中，操作者要防止风扇叶片伤人；发动机过热时，不得打开水箱盖，谨防沸水喷出烫伤操作人员；汽车路试后进行底盘检修时，要防止被排气管烫伤。

❸ 车下工作安全规则。

a. 正在维修的汽车，应挂"正在维修"的牌子。如不是维修制动系统，应拉紧手制动器并用三角木垫好车轮。

b. 用千斤顶顶车进行底盘作业时，千斤顶要放平稳，人应在车的外侧位置，并应事先准备好架车工具（架车凳子），严禁用砖头等易碎物品垫车，同时严禁单纯用千斤顶顶起车辆在车底作业。

c. 不能在用千斤顶顶起的已卸去车轮的汽车下工作。用千斤顶放下汽车时，打开液压开关的动作要慢，打开前应观察周围是否有障碍物。

d. 在调试发动机时，不得在车下工作。

❹ 蓄电池使用的安全规则。

a. 蓄电池应轻搬轻放，不可歪斜，以防电解液泼出腐蚀人体皮肤和衣服。如溅到皮肤，应立即用清水冲洗。

b. 检查电解液密度和电解液高度时，不要将仪器提得过高，以免电解液滴溅在人体或其他物体上。

c. 禁止将油料容器及各种金属物放在蓄电池壳体上。

d. 在配置电解液时，应使用陶瓷或玻璃容器，将硫酸慢慢地倒入水中，绝对禁止将水倒入硫酸中。

（3）维修工具使用安全

正确选用工具对汽车维修来说极其重要，但很多维修技术人员不太重视工具的使用方法，使用扳手、钳子等通用工具不规范，导致不能顺利完成维修工作。

维修工具使用时的注意事项如下。

❶ 工作前应检查所使用工具是否完好。施工时工具必须摆放整齐，不得随地乱放，工作后应将工具清点检查并擦干净，按要求放入工具车或工具箱内。

❷ 拆装零部件时，必须使用合适的工具或专用工具，不得大力蛮干，不得用硬物手锤直接敲击零件。所有零件拆卸后要按顺序摆放整齐，不得随地堆放。

❸ 做类似于电焊等发出强烈光从而刺激维修工作人员眼睛的工作时，维修人员在维修时应使用相应的保护工具（如配戴电焊护镜）。

（4）用电安全

在车辆的拆装过程中，常常会用一些电气设备来代替繁重的体力劳动，减轻劳动强度，提高工作效率。若使用不当或缺乏安全防护措施，可能会发生一些触电、电击事故，伤害维修操作人员（图 1-1-4）。

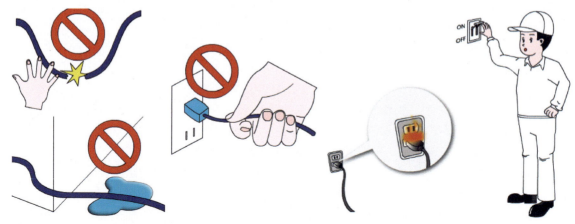

图 1-1-4　禁止违规用电

用电安全方面应注意以下事项。

❶ 如果发现电器设备有任何异常应立即关闭开关，并联系管理员等有关人员。

❷ 如果电路中发生短路或意外火灾，在进行灭火之前应首先关闭开关。

❸ 不要靠近断裂或摇晃的电线。不要触摸标有"发生故障"的开关。千万不要用湿手接触任何电器设备。

❹ 拔下插头时，不要拉电线，而应当拉插头本身。

❺ 不要让电缆通过潮湿或有油的地方，也不要通过灼热的表面或者尖角部位。

❻ 在开关、配电盘或电动机等附近不要使用易燃物，因为它们容易产生火花。

❼ 维修竣工后，切断设备电源，关闭总电源。

❽ 移动电气设备时，避免其电源软线拖得过长，沾染地面油污或水。

❾ 电源线插头应完全无损地插入电源插座，接地线应完好无损，以免设备外壳带电而引起触电。

2. 汽车维修企业管理内容与要求（6S）

6S 是指在生产现场中对人员、机器、材料、方法等生产要素进行有效的管理。6S 管理内容有整理（Seiri）、整顿（Seiton）、清扫（Seiso）、清洁（Seiketsu）、素养（Shitsuke）、安全（Safety）六个方面，通过规范现场、实物，营造一目了然的工作环境，培养员工良好的工作习惯，其最终目的是提升个人品质（图 1-1-5）。

图 1-1-5　6S

第二节　翻转架的使用和规范

汽车发动机翻转架是一种汽车修理和保养单位常用的设备，广泛应用于轿车等小型车的维修和保养。目前国内的发动机翻转架有固定式和移动式两种。发动机能够在固定式汽车发动机翻转架上翻转、启动并运转，但需浇注混凝土，固定时费工费时，不能在短时间内投入使用，且不能移动，限制了实验室的调整。另外，油、水、工件、工具易落地，达不到卫生清洁的起码要求，也不便于检测和排除故障。移动式汽车发动机翻转架虽然能够移动，但发动机只能在翻转架上翻转，不能启动、运转，无法对发动机进行检测、故障设置和故障诊断与排除。

多功能发动机翻转架弥补了上述两种翻转架的不足，集发动机的拆卸、组装、调试、大修、启动、故障设置及诊断、排除、检测等功能为一体。蜗杆传动360°任意角度翻转锁止发动机翻转架就是多功能发动机翻转架中较有代表性的一种，它具有性能可靠、操作方便、结构简单、拖脚的最低位置低（使得车辆的底盘可以比较低，扩大了各种车辆的适应性）和利用蜗杆传动可360°任意翻转锁止等特点。

使用翻转架的注意事项如下。

❶ 使用时需按照说明书的正确方法操作、调整。

❷ 发动机在拆装过程中可以实现360°翻转，并可在任意角度稳定停留。由于灵活性高，在操作过程中要选好角度。

❸ 万向自锁轮翻转架活动灵活，并带有自锁装置。在发动机拆装作业中，可根据需要使用自锁装置。

❹ 运转过程中发现不正常现象应及时停止操作并进行检查。

❺ 不允许将支架与发动机连接的螺栓和螺母随意拧松，以免发生危险。

❻ 在翻转架下部放置油盘，方便拆装时小零件的储放及接油。

第三节　拆装工具的选用及要求

汽车维修工具一般分为通用和专用两大类。通用工具指的是可普遍用于各行各业同类作业的工具；专用工具是指为某一专项作业特别设计的工具，如汽车火花塞套筒，只能用于火花塞拆装。

汽车维修作业中常用的工具有扳手、钳子、螺钉旋具、手锤、游标卡尺、螺旋测微仪、量缸表等。

（1）扳手

扳手用以紧固或拆卸带有棱边的螺母或螺栓，常用的扳手有开口扳手、梅花扳手、套筒扳手、扭力扳手、可调节扳手（活动扳手）等。

❶ 开口扳手。开口扳手用于紧固或拆卸一般规格的螺母或螺栓，这种扳手可以直接插入或套入，使用较方便。但是不宜在较小的空间使用，并且不可用于拧紧力矩较大的螺栓或螺母，使用时易滑脱（图1-3-1）。

图 1-3-1　开口扳手

❷ 梅花扳手。梅花扳手由于完全包住了螺栓或螺母的顶部，比普通扳手易于使用。同时它的手柄比普通的手柄长，可以获得更大的扭矩。这种扳手扳转力大，工作可靠，不易滑脱，携带方便，适用于旋转空间狭小的场合（图 1-3-2）。

图 1-3-2　梅花扳手

❸ 套筒扳手。套筒扳手是拆卸螺栓或螺母最方便、灵活且安全的工具。使用套筒扳手不易损坏螺栓或螺母的棱角。特别适用于旋转部位很狭小或隐蔽、较深处的六角螺母或螺栓（图 1-3-3）。

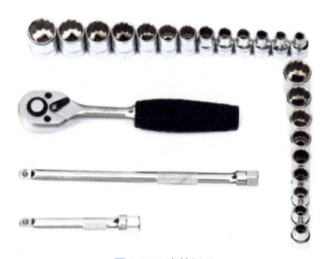

图 1-3-3　套筒扳手

❹ 扭力扳手。扭力扳手主要用于有规定扭矩值的螺栓或螺母的装配，如气缸盖、连杆、曲轴主轴承等处的螺栓（图 1-3-4）。

图 1-3-4　扭力扳手

❺可调扳手（活动扳手）。可调扳手根据螺栓或螺母的尺寸，通过转动可调整螺母的尺寸，还可调整螺钉来移动可调爪，从而使可调扳手的开口宽度实现变宽或收窄（图 1-3-5）。

图 1-3-5　可调扳手

（2）钳子

钳子可分为通用钳子和专用钳子两种类型。通用类钳子用于夹持、弯曲、扭转和切断物体或其他用途，而专用类钳子用于安装、拆卸活塞环或卡环。

❶组合钳（又称鱼口钳）。鱼口钳开口有大小两种调节方式。钳爪底部可以切断电线一类的物体，但不要使用钳子松开或拧紧螺栓、螺母，否则可能将螺栓或螺母的边损坏（图 1-3-6）。

图 1-3-6　鱼口钳

❷尖嘴钳。尖嘴钳的端部细长，它用于组合钳无法使用的狭窄地方或在孔中夹持销子之类的物体。尖嘴钳的头部夹口用来夹持细小零件，但夹紧的力不能过大，否则会使夹口变成喇叭形。尖嘴钳后部的刀口用于切断电线或拨开电线的表皮。

❸偏口钳。偏口钳用于切断电线，剥除电线的绝缘层和剥除开口销之类的物体。不要用偏口钳切断硬物体，以免损伤钳口。

❹克丝钳。克丝钳又称老虎钳，用途广泛，可切断电线、夹持物体或弯曲工件。

❺大力钳。大力钳又称管钳子，用于加紧力矩较大的地方。大力钳能够轻松拆卸损坏的螺栓或卡住的螺母。

❻卡簧钳。卡簧钳用于拆卸或安装卡簧，主要有轴用、穴用两类。

(3) 螺钉旋具

螺钉旋具又称起子、旋凿或螺丝刀。使用时利用旋转压力紧固或拆卸带有槽口的螺钉。常用的螺钉旋具有一字形和十字形两种。一字形螺钉旋具用于紧固或拆卸一字槽螺钉，而十字形螺钉旋具用于紧固或拆卸十字槽螺钉。

(4) 手锤

手锤又称榔头，由锤头和木柄组成。通过敲击，拆卸和安装零件。

(5) 常用量具

❶ 游标卡尺。游标卡尺是一种测量长度、内外径、深度的量具。游标卡尺由主尺和附在主尺上能滑动的游标两部分构成。游标卡尺的主尺和游标上有两副活动量爪，分别是内测量爪和外测量爪，内测量爪通常用来测量内径，外测量爪通常用来测量长度和外径（图 1-3-7）。

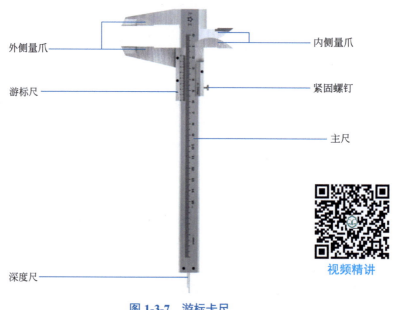

图 1-3-7 游标卡尺

❷ 螺旋测微仪。螺旋测微仪又称千分尺，是比游标卡尺更精密的测量长度的工具，用它测量长度可以准确到 0.01mm，测量范围为几厘米。螺旋测微仪的读数机构由固定套筒和活动套筒组成：固定套筒在轴线方向上刻有一条中线，中线的上、下各刻一排刻线，刻线每一格间距均为 1mm，上、下刻线相互错开 0.5mm；在活动套筒左端圆周上有 50 等分的刻度线。因测量螺杆的螺距为 0.5mm，即螺杆每转一周，轴向移动 0.5mm，故活动套筒上每一小格的读数值为 0.5÷50=0.01mm。

❸ 量缸表。量缸表也叫内径百分表，是利用百分表制成的测量仪器，也是用于测量孔径的比较性测量工具。在汽车维修中，量缸表通常用于测量气缸的磨损量及内径。量缸表主要包括百分表、表杆、替换杆件和替换杆件紧固螺钉等。

第二章
发动机总成基础知识

第一节　发动机总成概述

1. 汽车发动机总成

汽油发动机由两大机构和五大系统组成：曲柄连杆机构、配气机构、燃油供给系统、冷却系统、润滑系统、点火系统、启动系统（图2-1-1）。

（1）曲柄连杆机构

曲柄连杆机构的作用是把燃料燃烧产生的热能转换为机械能，具体表现为使气缸内的高温高压气体推动活塞在气缸内做直线往复运动，再通过连杆带动曲轴做旋转运动。曲柄连杆机构由机体组、活塞连杆组和曲轴飞轮组三部分组成（图2-1-2）。

图 2-1-1　发动机总成

图 2-1-2　曲柄连杆机构

（2）配气机构

在进气行程将可燃混合气或空气导入气缸，在排气行程将燃烧完的废气及时排出。配气机构由气门组、气门传动组和气门驱动组组成（图2-1-3）。

（3）燃料供给系统

汽油机燃料供给系统分为化油器式和汽油直接喷射式两种，都是给汽油机燃烧室内提供可燃混合气（图2-1-4）。柴油机燃料供给系统是给柴油机燃烧室适时适量地提供雾化的柴油。

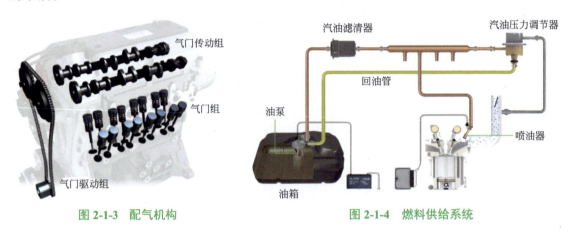

图 2-1-3 配气机构　　　　图 2-1-4 燃料供给系统

（4）冷却系统

冷却系统可使高温下工作的发动机零部件得到良好的冷却，保证发动机在正常的温度下工作，实现良好的经济性。冷却方式有水冷式和风冷式。现代汽车发动机多采用水冷式，由水泵、散热器、冷却风扇、节温器和气缸盖水套等组成（图2-1-5）。

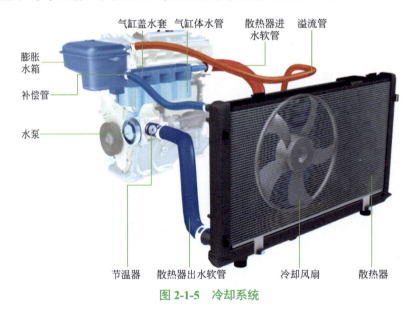

图 2-1-5 冷却系统

（5）润滑系统

润滑系统使高速相对运动的发动机内部各种摩擦副能得到有效润滑，降低摩擦力，减少磨损，带走摩擦产生的热量，清洗摩擦表面，延长发动机的寿命。润滑系统主要由机油泵、机油滤清器、油底壳等组成（图2-1-6）。

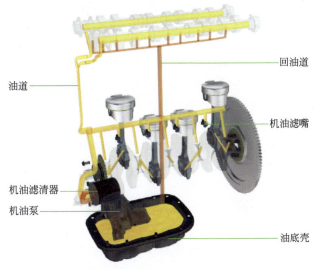

图 2-1-6　润滑系统

（6）点火系统

汽油机必须经过点火才能正常工作。压缩终了时，可燃混合气由火花塞产生的电火花点燃混合气，使混合气燃烧做功。点火系统有传统点火系统、电子点火系统和微机控制点火系统等类型。点火系统由电源（蓄电池和发电机）、点火线圈和火花塞等组成（图2-1-7）。

（7）启动系统

启动系统使处于静止状态的发动机运转。通过起动机带动飞轮使发动机曲轴转动，达到混合气燃烧做功所需要的启动转速。启动系统由起动机和启动继电器等组成（图2-1-8）。

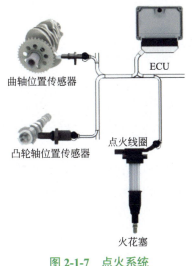

图 2-1-7　点火系统

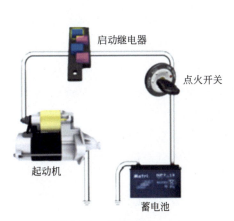

图 2-1-8　启动系统

第二节　发动机的基本类型

发动机根据其将热能转化为机械能的主要构件的形式不同，可以分为活塞式发动机和燃气轮机两大类。前者又可按活塞运动方式分为往复活塞式和旋转活塞式两种。往复活塞式发动机是现代发动机的主流。活塞在气缸中做往复的直线运动，经连杆、曲轴等转动变为旋转运动。各型汽车、船舶等运输用发动机及发电、工程机械、农业机械所用的发动机，大部分采用往复活塞式发动机。往复活塞式发动机按照点火方式、工作循环、凸轮轴的位置及凸轮轴数、气缸排列、使用燃料、冷却方式等，又可分为很多不同的形式。

❶ 按照点火方式分类。按照点火方式可分为点燃式发动机（汽油发动机、液化石油气发动机、双燃料发动机）和压燃式发动机（柴油发动机、重油发动机）。

❷ 按照工作循环方式分类。按照工作循环方式可分为四冲程发动机和二冲程发动机。

❸ 按照凸轮轴的位置及凸轮轴数分类。按照凸轮轴位置可分为凸轮轴装在气缸盖上（凸轮轴顶置）的发动机和凸轮轴装在气缸体内（凸轮轴中置，又称为气门顶置式）的发动机；按照凸轮轴数可分为单凸轮轴发动机、双凸轮轴发动机、四凸轮发动机。

❹ 按照使用燃料分类。按照使用燃料可分为汽油发动机、柴油发动机、液化石油气发动机、双燃料发动机。

❺ 按照气缸的数目及排列方式分类。按照气缸的数目可分为单气缸发动机和多气缸发动机；按照气缸的排列方式可分为直列式发动机、V型发动机、辐射式发动机、对置式发动机、水平式发动机。

❻ 按照冷却方式分类。按照冷却方式可分为水冷式发动机和风冷式发动机。

目前，现代汽车以采用四冲程、多缸、水冷、顶置凸轮轴的发动机为主。

第三节　往复活塞式发动机的工作原理

发动机是汽车的动力装置。现代汽车一般采用往复活塞式发动机，它将液体或气体燃料的化学能通过燃烧转化为热能，再将热能通过机械系统转换为机械能对外输出动力（图 2-3-1）。

对于往复活塞式发动机来说，都必须经过以下工作循环：吸入空气或可燃混合气（进气），压缩进入气缸的空气或可燃混合气，点燃混合气膨胀做功，燃烧生成的废气排出气缸（排气）。

四冲程发动机曲轴转两圈，活塞在气缸内依次往复运动经历进气、压缩、做功和排气四个行程，完成一个工作循环。

第二章　发动机总成基础知识

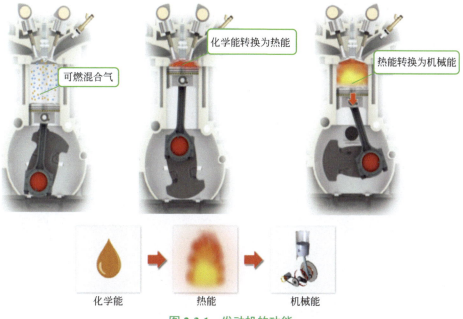

图 2-3-1　发动机的功能

1. 四冲程汽油机发动机工作原理

（1）进气行程（图2-3-2）

进气门开启，排气门关闭，活塞由上止点向下止点移动，活塞上方的气缸容积增大，产生真空度，气缸内压力降到进气压力以下，在真空吸力作用下，通过汽油喷射装置雾化的汽油，与空气混合形成可燃混合气，由进气道和进气门吸入气缸内。

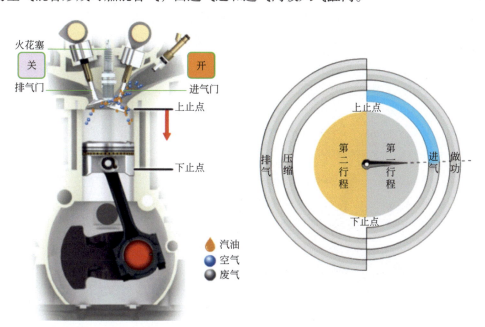

图 2-3-2　进气行程

13

（2）压缩行程（图2-3-3）

进排气门全部关闭，压缩缸内的可燃混合气，混合气温度升高，压力上升。活塞临近上止点前，可燃混合气压力上升到0.6～1.2MPa，温度可达330～430℃。

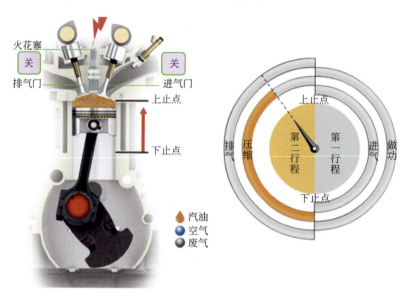

图2-3-3　压缩行程

（3）做功行程（图2-3-4）

在压缩行程接近上止点时，装在气缸盖上方的火花塞发出电火花，点燃所压缩的可燃混合气。可燃混合气燃烧后放出大量的热量，缸内燃气压力和温度迅速上升，燃烧压力高达3～6MPa，燃烧温度高达2200～2500℃。高温高压燃气推动活塞快速向下止点移动，通过曲柄连杆机构对外做功。做功行程开始时，进、排气门均关闭。

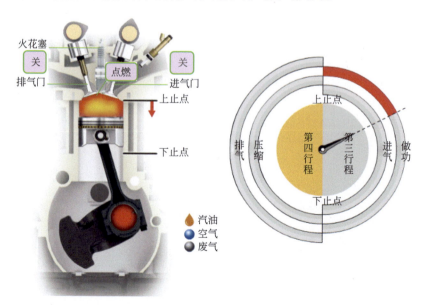

图2-3-4　做功行程

（4）排气行程（图2-3-5）

做功行程接近终了时，排气门开启，由于这时缸内压力高于大气压力，高温废气迅速排出气缸，这一阶段属于自由排气阶段，高温废气通过排气门排出。随排气过程进行进入强制排气阶段，活塞越过下止点向上止点移动，强制将缸内废气排出，活塞到达上止点附近时，排气过程结束。排气终了时，气缸内气体压力稍高于大气压力，为 0.105～0.115MPa，废气温度为 600～900℃。由于燃烧室占有一定容积，因此在排气终了时，不可能将废气彻底排除干净，剩余部分废气称残余废气。

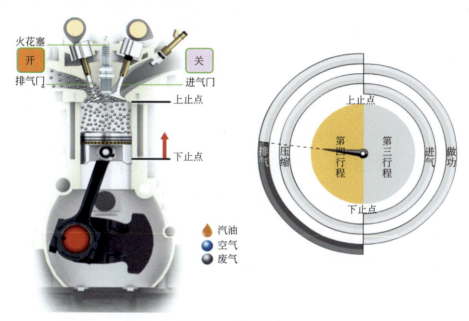

图 2-3-5　排气行程

2. 四冲程柴油发动机工作原理

四冲程柴油发动机和汽油发动机一样，完成一个工作循环也要经历进气、压缩、做功和排气四个行程，但由于柴油发动机使用的燃料是柴油，柴油相对于汽油来说，其黏度大、蒸发性差、自燃温度低，所以柴油发动机在混合气形成和点火方式上与汽油发动机有明显的不同之处。

（1）进气行程

汽油发动机在进气行程中吸入的是可燃混合气，而柴油发动机吸入的是纯空气。

（2）压缩行程

汽油发动机在压缩行程中压缩的是可燃混合气，柴油发动机压缩的是空气。柴油发动机靠压缩自燃，其压缩比远大于汽油发动机，压缩终了时气体压力可达 3～5MPa，温度可达 500～700℃。

（3）做功行程

当压缩行程接近终了时，在高压油泵作用下，将柴油以10MPa左右的高压通过喷油器喷入气缸燃烧室中,在很短的时间内与空气混合后立即自行发火燃烧。气缸内气体的压力急速上升,高达 5000～9000kPa,温度高达 1800～2000℃。

(4) 排气行程

排气行程与汽油发动机基本相同,排气终了压力为 0.105～0.125MPa,温度为 500～700℃。

总之,四冲程发动机完成一个工作循环,经历进气、压缩、做功和排气四个行程,发动机的正常运转就是工作循环连续不断交替。曲轴每转两圈(720℃)完成一个工作循环,一个行程对应曲轴转角为 180°。做功和进气行程,活塞从上止点向下止点运动;压缩和排气行程,活塞从下止点向上止点运动。四个行程中,只有做功行程是有效输出动力行程;其余三个行程是辅助行程,靠飞轮惯性维持转动,因而飞轮转速是不均匀的,必须具有足够的转动惯量才能保证发动机运转平稳。现代汽车发动机采用多个气缸,按照一定的工作顺序来保证发动机运转平稳。

第四节　发动机维修常用术语图解

1. 上止点(TDC)

活塞最高位置,即活塞在气缸中向上运动所能到达的最高点(图 2-4-1)。

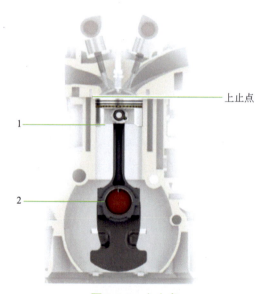

图 2-4-1　上止点
1—活塞;2—曲轴

2. 下止点(BDC)

活塞最低位置,即活塞在气缸中向下运动所能到达的最低点(图 2-4-2)。

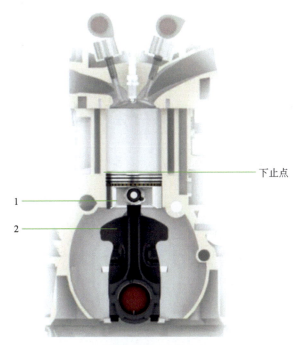

图 2-4-2 下止点
1—活塞；2—曲轴

3. 活塞行程（S）

活塞往复直线运动时的路径，即上、下止点之间的距离（图 2-4-3）。

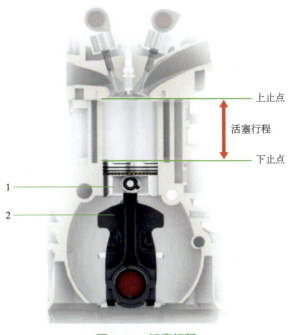

图 2-4-3 活塞行程
1—活塞；2—曲轴

4. 曲柄半径（R）

曲轴与连杆大端相连接的曲柄销中心线到曲轴回转中心线的距离（图 2-4-4）。

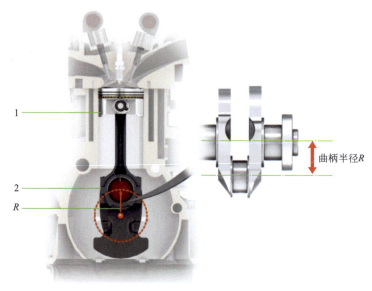

图 2-4-4 曲柄半径

1—活塞；2—曲轴

5. 气缸工作容积（V_h）

也被称为气缸排量，是指一个气缸中活塞从上止点到下止点所让出的空间容积。

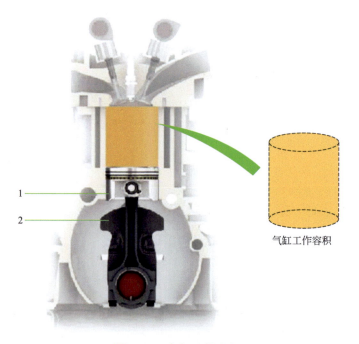

图 2-4-5 气缸工作容积

1—活塞；2—曲轴

6. 发动机排量（V_l）

发动机所有气缸工作容积的总和。

7. 燃烧室容积（V_c）

活塞在上止点时，活塞顶上面空间的容积（图 2-4-6）。

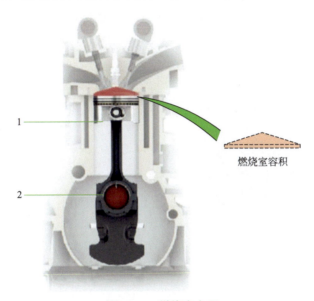

图 2-4-6　燃烧室容积

1—活塞；2—曲轴

8. 气缸总容积（V_a）

活塞在下止点时，活塞顶上面空间的容积（图 2-4-7）。

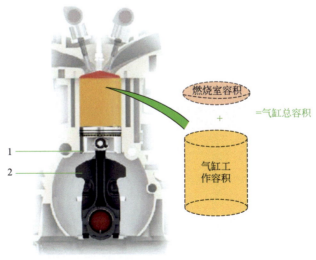

图 2-4-7　气缸总容积

1—活塞；2—曲轴

9. 压缩比（ε）

气缸总容积与燃烧室容积的比值（图 2-4-8）。

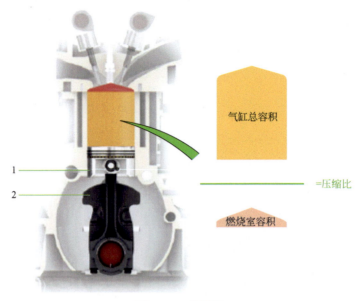

图 2-4-8　压缩比
1—活塞；2—曲轴

第三章
发动机曲柄连杆机构

第一节 曲柄连杆机构的结构组成与功用

1. 曲柄连杆机构的组成

曲柄连杆机构主要由三部分组成：机体组、活塞连杆组和曲轴飞轮组（图 3-1-1）。

❶ 机体组由气缸盖、气缸垫、气缸体及油底壳等组成。
❷ 活塞连杆组由活塞、活塞环、活塞销、连杆等部件组成。
❸ 曲轴飞轮组由曲轴、飞轮以及其他具有不同作用的零件和附件组成。

图 3-1-1 曲柄连杆机构的组成

2. 曲柄连杆机构的作用

曲柄连杆机构是发动机的重要组成部件，是往复活塞式发动机将热能转换为机械能的主要机构。曲柄连杆机构的作用是提供燃烧场所，把燃料燃烧后产生的气体作用于活塞顶上的膨胀压力转变为曲轴旋转的转矩，不断输出动力。

第二节　气缸盖维修

1. 概述

（1）机体组

机体组是发动机的支架，是曲柄连杆机构、配气机构和发动机各系统主要零件的装配基体。它主要由气缸体、气缸盖、气缸垫和曲轴箱等组成（图 3-2-1）。

图 3-2-1　机体组组成

气缸体上半部有一个或若干个圆柱形空腔称为气缸，引导活塞在其中运动。气缸体内还加工有引导润滑油的油道及让冷却液流通的冷却水套（图 3-2-2）。

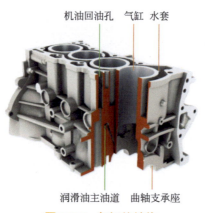

图 3-2-2　气缸体结构

（2）气缸盖

气缸盖上安装着进排气门、气门摇臂（或凸轮轴）、火花塞（或喷油器）及进排气歧管。

气缸盖内有与气缸体相通的冷却水套、润滑油道、火花塞座孔、喷油器座孔以及燃烧室、进排气道等（图3-2-3和图3-2-4）。

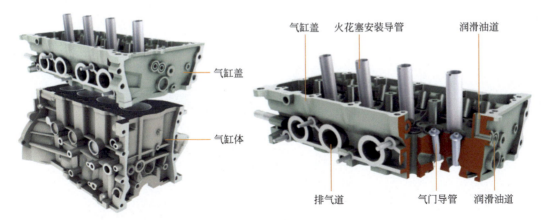

图 3-2-3　气缸盖结构（一）

图 3-2-4　气缸盖结构（二）

气缸盖用于封闭气缸的上部，并与活塞顶、气缸壁共同构成一个密闭的可变空间（燃烧室）（图3-2-5）。

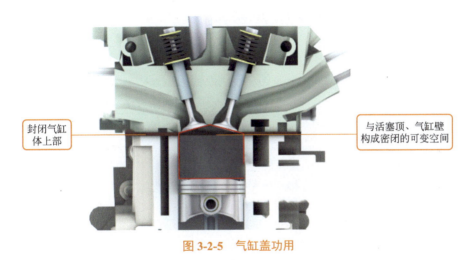

图 3-2-5　气缸盖功用

（3）气缸垫

气缸垫安装在气缸盖和气缸体中间，安装时要定向安装。气缸垫通常是一次性使用产品（图 3-2-6）。

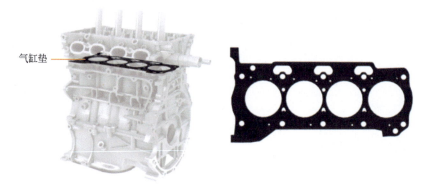

图 3-2-6　气缸垫结构

气缸垫用来保证气缸体与气缸盖结合面间的密封（图 3-2-7）。

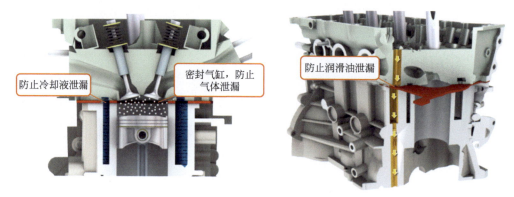

图 3-2-7　气缸垫的作用

2. 拆卸气缸盖

❶ 拧出螺栓（图 3-2-8 中箭头）。
❷ 按顺序 1～10 拧下气缸盖螺栓（图 3-2-8）。

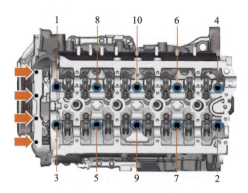

图 3-2-8　拆装气缸盖螺栓
1～10—气缸盖螺栓

检查是否已松开所有导线和电缆。

❸ 取下气缸盖，将其放到软垫板（泡沫塑料）上。

❹ 取下气缸垫（图3-2-9）。

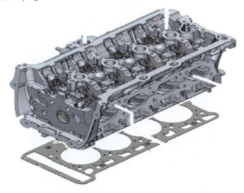

图 3-2-9　取下气缸垫

2. 安装气缸盖

视频精讲

① 更换需要继续旋转一定角度才能拧紧的螺栓。

② 更换密封环、密封件和自锁螺母。

注意

气缸垫正面朝上。

按顺序 1～10 拧紧气缸盖螺栓（图3-2-10）。

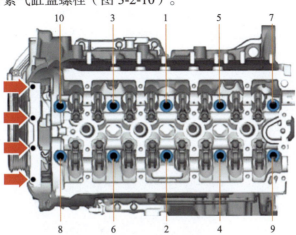

图 3-2-10　拧紧气缸盖螺栓

1～10—气缸盖螺栓

第1步：1～10，用手拧到底。
第2步：1～10，紧固40N·m。
第3步：1～10，继续旋转90°。
第4步：1～10，继续旋转90°。
第5步：紧固图3-2-10中箭头，紧固8N·m。
第6步：紧固图3-2-10中箭头所示螺栓，继续旋转90°。

第三节　油底壳维修

1. 概述

油底壳一般由薄钢板冲压而成，有的发动机为了加强散热效果采用铝合金铸造。它的形状取决于发动机的总体布置和所需机油的容量（图3-3-1）。

油底壳中后部一般做得较深，以便发动机纵向倾斜时机油泵仍能吸到机油。底部装有磁性的放油螺塞。放油螺塞的密封垫为一次性使用，拆过后即要予以更换。

视频精讲

图3-3-1　油底壳

油底壳主要用于储存机油（润滑油）并封闭曲轴箱。同时，底部的磁性放油螺栓能吸附机油中的金属屑，以减少发动机中运动零件的磨损（图3-3-2）。

图3-3-2　油底壳的功用

2. 拆卸油底壳

> 🔧 **注意**
> 拆装油底壳前,需要排空发动机机油。

❶ 拧下螺栓 1～20,然后拆下油底壳下部件(图 3-3-3)。

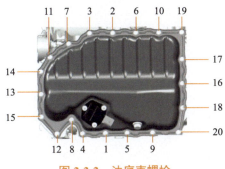

图 3-3-3 油底壳螺栓

1～20—螺栓

❷ 拧下螺栓 1,取下机油防溅板 2(图 3-3-4)。

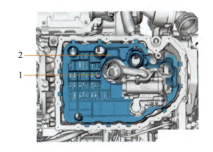

图 3-3-4 机油防溅板

3. 安装油底壳

❶ 安装机油防溅板,紧固螺栓 4N·m+ 继续旋转 45°。
❷ 清除密封剂残留物,清洁密封面。
❸ 将硅胶密封剂涂覆到油底壳下部件的密封面上(图 3-3-5)。

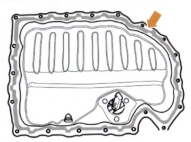

图 3-3-5 涂覆密封剂

❹ 按顺序拧紧新螺栓1～20（图中未示出）：第1次，螺栓1～20以8N·m拧紧；第2次，螺栓1～20继续旋转90°。

❺ 重新加注发动机机油并检查油位。

第四节　活塞连杆组维修

1. 概述

（1）活塞连杆组组成

活塞连杆组安装在气缸体内，主要由活塞、活塞环、活塞销、连杆等机件组成。活塞连杆组将活塞的往复运动转变为曲轴的旋转运动，同时将作用于活塞上的力转变为曲轴对外输出的扭矩（图3-4-1）。

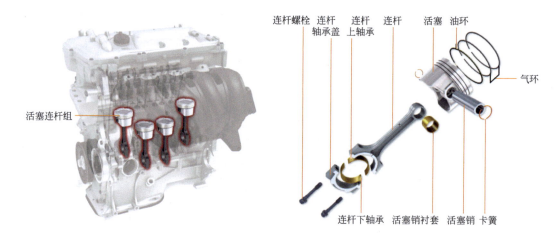

图3-4-1　活塞连杆组

（2）活塞结构

活塞可分为三部分：活塞顶部、活塞头部和活塞裙部（图3-4-2）。

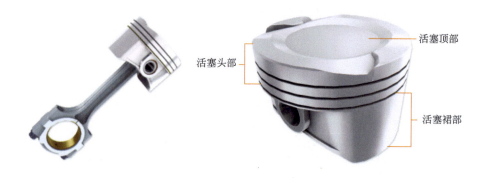

第三章　发动机曲柄连杆机构

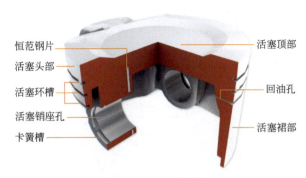

图 3-4-2　活塞结构

活塞顶部是燃烧室的组成部分，常制成不同的形状。汽油机活塞顶部多采用平顶或凹顶。有的活塞顶部有装配标记，装配时要指向发动机前端。

活塞头部上面一般有 2～3 道槽用来安装气环，最下面一道用来安装油环。油环槽的底部钻有很多径向小孔，被称为回油孔，使油环从气缸壁上刮下的多余润滑油经此流回油底壳。

活塞裙部上开有圆孔，用于安装活塞销，圆孔上有卡簧槽。活塞裙部用来引导活塞在气缸中做往复运动。

（3）活塞的作用

活塞的主要作用是承受气缸中的气体压力，并将此压力转化为动力，通过活塞销传递给连杆，以推动曲轴旋转。活塞顶部还与气缸盖、气缸壁等共同组成燃烧室（图 3-4-3）。

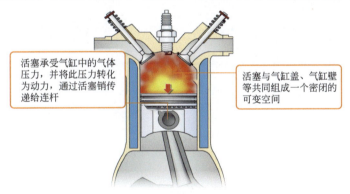

图 3-4-3　活塞的作用

（4）活塞环

活塞环是中间断开的弹性金属环，它包括气环和油环两种。活塞上部安装气环，下部为油环。活塞环装在活塞上时，环的开口相互错开，三道环之间相互错开 120°（图 3-4-4）。

图 3-4-4　活塞环

气环用于保证活塞与气缸壁间的密封,防止气缸中的高温、高压燃气大量漏入曲轴箱,同时还将活塞顶部的大部分热量传给气缸壁,起到导热作用(图3-4-5)。

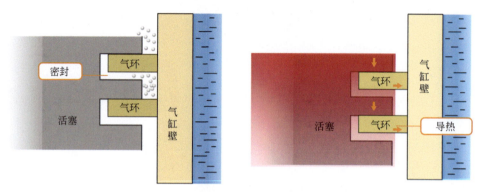

图 3-4-5 气环

油环在活塞下行时,刮除气缸壁上多余的机油;在活塞上行时,将机油均匀涂布在气缸壁上。这样既可以防止机油窜入气缸燃烧,又可以减小活塞、活塞环与气缸壁的磨损和摩擦阻力。

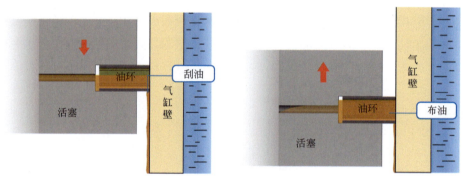

图 3-4-6 油环

活塞销通常用低碳钢或低碳合金钢做成空心圆柱体,它的作用是连接活塞和连杆,将活塞承受的气体作用力传给连杆。

(5)连杆与连杆轴承(图3-4-7)

连杆分为连杆小头、杆身和连杆大头三部分。

连杆小头用于安装活塞销,连接活塞。全浮式连杆小头内压有润滑衬套。

杆身多采用"工"字形断面,以提高其抗弯刚度。杆身内有纵向的压力油通道,以对活塞销进行压力润滑。

连杆大头通过轴承与曲轴的连杆轴颈相连。为便于安装,通常将连杆大头做成剖分式,上半部与杆身一体,下半部即为连杆盖,两者通过螺栓装合,其中有油道通向活塞销。

连杆轴承采用钢背和减摩层组成的分开式薄壁滑动轴承,内表面有油槽,用以储油和保证润滑。

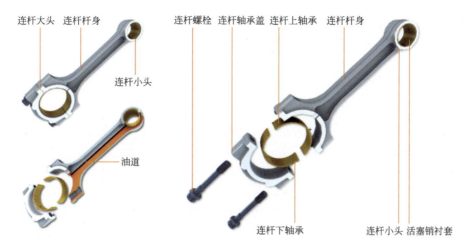

图 3-4-7　连杆与连杆轴承

（6）连杆与轴承的作用

连杆与轴承的作用是连接活塞和曲轴，把活塞的往复运动转变为曲轴的旋转运动，并将活塞承受的力传给曲轴（图3-4-8）。

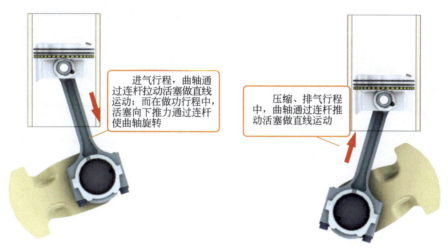

图 3-4-8　连杆与轴承的作用

2. 拆卸活塞连接杆组

❶ 标出活塞的安装位置和所属气缸。
❷ 标出连杆的安装位置和所属气缸。
❸ 拆卸连杆轴承盖，并向上拉出活塞和连杆。

视频精讲

 提示

活塞拉出不畅时，请将活塞加热到约 60 ℃。

④ 将卡环从活塞销孔中取出。
⑤ 用芯棒（图 3-4-9）VW 222A 敲出活塞销。

3. 安装活塞连接杆组

安装以倒序进行，同时必须注意下列事项。
① 更换需要继续旋转一定角度才能拧紧的螺栓。
② 活塞顶上的箭头指向齿形皮带轮侧。
③ 活塞环接口错开 120°（图 3-4-10）。
④ 气环安装位置：标记"TOP"和"R"必须向上指向活塞顶。
⑤ 刮油环"上止点"和"R"标记必须向上指向活塞顶。

图 3-4-9　芯棒

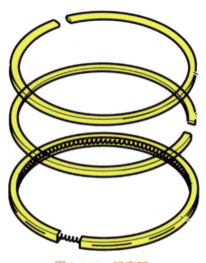

图 3-4-10　活塞环

⑥ 给轴瓦的摩擦面上油。
⑦ 安装活塞和活塞环夹紧带，注意安装位置。
⑧ 安装连杆轴承盖，注意安装位置。

第五节　飞轮维修

1. 概述

飞轮是一个转动惯量很大的圆盘，外缘上压有一个齿圈，与起动机的驱动齿轮啮合，供起动机启动发动机时使用。为了保证足够的转动惯量，飞轮轮缘通常做得宽而厚（图 3-5-1）。

飞轮的主要作用是储存做功行程的一部分动能，以克服其他行程中的阻力，使曲轴均匀旋转，使发动机具有克服短时超载的能力。

第三章 发动机曲柄连杆机构

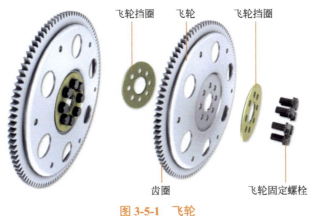

图 3-5-1 飞轮

> **注意**
>
> 为了避免双质量飞轮在拆卸时被损坏,不允许用气动扳手或冲击式螺钉机来旋出螺栓,只允许用手拆卸螺栓。

2. 拆卸飞轮

❶ 转动双质量飞轮,使螺栓位于钻孔中心。
❷ 在旋转螺栓 A 时勿将螺栓头脱开,以避免继续旋转时螺栓头损坏双质量飞轮(图 3-5-2)。
❸ 将夹具 3067 插入气缸体中的孔 B(图 3-5-2)中。
❹ 松开并拆下飞轮螺栓。

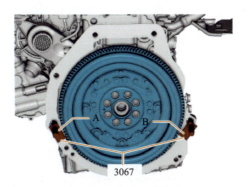

图 3-5-2 拆卸飞轮螺栓

3. 安装飞轮

安装大体以倒序进行,同时注意下列事项。
❶ 更换需要继续旋转一定角度才能拧紧的螺栓。
❷ 将夹具 3067 插入气缸体的孔中。
❸ 使用新的飞轮螺栓,并拧紧 60N·m+ 继续旋转 90°。

33

第六节　曲轴维修

1. 概述

（1）曲轴飞轮组组成

曲轴飞轮组主要由曲轴和飞轮以及其他具有不同作用的零件和附件组成，其零件和附件的种类及数量取决于发动机的结构和性能要求（图3-6-1和图3-6-2）。

图 3-6-1　曲轴飞轮组

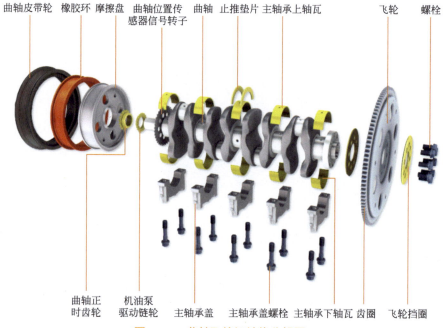

图 3-6-2　曲轴飞轮组结构分解图

（2）曲轴结构

曲轴主要由前端轴、平衡重、连杆轴颈、主轴颈、曲柄臂和后端凸缘等部件组成。在发动机工作中，曲轴要承受弯曲与扭转载荷，因此曲轴要具有足够的刚度、强度和耐磨性（图 3-6-3）。

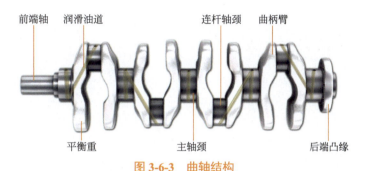

图 3-6-3　曲轴结构

❶ 曲拐的布置。一个连杆轴颈与它两端的曲柄及主轴颈构成一个曲拐。曲轴的曲拐数取决于气缸的数目及其排列方式。直列式发动机曲轴的曲拐数等于气缸数，V 型发动机曲轴的曲拐数等于气缸数的一半（图 3-6-4）。

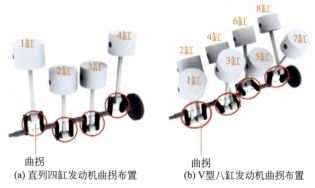

(a) 直列四缸发动机曲拐布置
(b) V型八缸发动机曲拐布置

图 3-6-4　曲拐的布置

❷ 平衡重。平衡重在曲拐的对面，用来平衡发动机不平衡的离心力和离心力矩，有时还用来平衡一部分往复惯性力（图 3-6-5）。

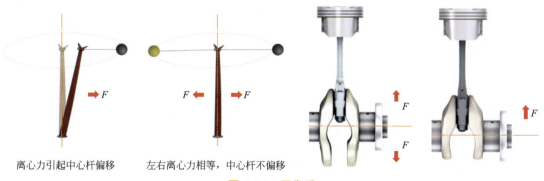

图 3-6-5　平衡重

（3）曲轴的作用

曲轴的作用是承受活塞连杆组传来的力，由此产生绕其本身轴线的力矩，并将转矩对外输出。同时，曲轴还为活塞连杆组的上行运动提供动力（图3-6-6）。

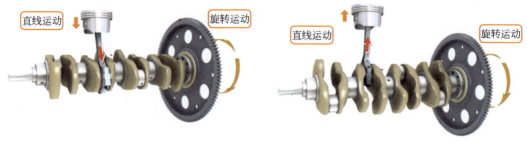

图 3-6-6　曲轴的作用

2. 拆卸曲轴

❶ 按由外到内的顺序拆卸曲轴轴瓦固定螺栓。
❷ 取下曲轴轴瓦盖。
❸ 取下曲轴总成。
❹ 取下曲轴轴瓦。

3. 安装曲轴

❶ 安装曲轴轴瓦。
❷ 安装曲轴总成。
❸ 安装曲轴轴瓦盖。
❹ 安装曲轴轴瓦固定螺栓（图3-6-7）。

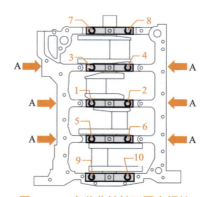

图 3-6-7　安装曲轴轴瓦固定螺栓

1～10—螺栓

a. 用手拧紧螺栓1～10和箭头A对应的螺栓。
b. 将螺栓1～10用65N·m的力矩预紧。
c. 用刚性扳手将螺栓1～10再转动90°。

d. 用 20N·m 的力矩预紧螺栓（箭头 A）。
e. 用刚性扳手将螺栓（箭头 A）再转动 90°。

第七节　曲柄连杆机构的检测

1. 检测曲轴

（1）测量曲轴轴向间隙

❶ 将千分表 VAS 6079 用通用千分表支架 VW 387 拧紧在气缸体上，然后对着曲轴臂调到约 2mm 的预紧量。
❷ 将曲轴用手压向千分表，将千分表调到"0"。
❸ 从千分表上推开曲轴，读取测量值。
轴向间隙如下。
新：0.07 ～ 0.23mm。
磨损极限：0.30mm。

（2）测量曲轴的径向间隙

不要混淆运转过的轴承；如果轴瓦已经磨损到镍层，必须更换。

❶ 拆卸主轴轴承盖，清洁轴承盖和轴承颈。
❷ 根据轴承宽度将曲轴沿径向间隙测量线放入轴颈或轴瓦。塑料线间隙规必须位于轴瓦中央。
❸ 装上曲轴轴承盖并用原有的螺栓拧紧，拧紧时不要转动曲轴。
a. 用手拧紧螺栓 1 ～ 10。
b. 将螺栓 1 ～ 10 用 65N·m 的力矩预紧。
c. 用刚性扳手将螺栓 1 ～ 10 再转动 90°。
d. 用 20N·m 的力矩预紧螺栓。
e. 用刚性扳手将螺栓再转动 90°。

重新拆下轴承盖，将曲轴径向间隙测量线的宽度与测量刻度进行比较。

径向间隙如下。
新：0.017 ～ 0.037mm。
磨损极限：0.15mm。

2. 检测活塞连杆组

（1）检查活塞

所需要的专用工具和维修设备：外径千分尺 VAS 6071（75～100mm）。
用外径千分尺在下沿约 15mm 处测量，与活塞销轴线错位 90°（图 3-7-1）。
与公称尺寸的偏差最大 0.04mm。

图 3-7-1　检查活塞

（2）检测活塞环开口间隙

端隙、侧隙、背隙如图 3-7-2 所示。

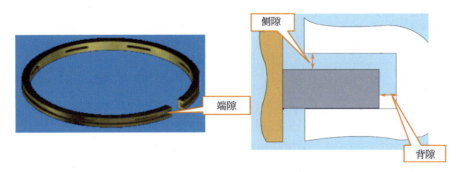

图 3-7-2　端隙、侧隙、背隙

所需要的专用工具和维修设备：厚薄规。

将活塞环垂直于气缸壁从上推入下部气缸开口，离气缸边缘约 15mm。推入时使用不带环的活塞（表 3-7-1 和图 3-7-3）。

表 3-7-1　活塞环开口间隙

活塞环	新的 /mm	磨损极限 /mm
第 1 个气环	0.30～0.40	0.80
第 2 个气环	0.40～0.50	0.80
油环	0.20～0.40	0.80

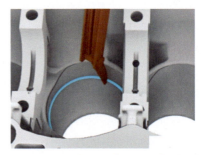

图 3-7-3　检测活塞环开口间隙

(3)检查活塞环高度间隙（表3-7-2和图3-7-4）

检查前清洁活塞环槽。

表 3-7-2　活塞环高度间隙

活塞环	新的/mm	磨损极限/mm
第1个气环	0.06～0.09	0.20
第2个气环	0.03～0.06	0.15
油环	无法测量	

图 3-7-4　检查活塞环高度间隙

(4)检查气缸内径

当气缸体固定在发动机和变速箱支架 VAS 6095 上时，不允许测量缸径，因为测量可能会出现错误。

所需要的专用工具和维修设备：内径规 VAS 6078。

用内径规 VAS 6078 在横向 A 和纵向 B 上交叉测量三个位置（图 3-7-5）。

与公称尺寸的偏差最大为 0.08mm。

(5)检查连杆径向间隙

所需要的专用工具和维修设备：塑料线间隙规。

工作步骤如下。

❶拆卸连杆轴承盖。

❷清洁轴承盖和轴颈。

❸将与轴承宽度同样长的塑料线间隙规测量线放在轴颈或轴瓦上。

❹装上连杆轴瓦并用原有的螺栓拧紧，拧紧时不要转动曲轴。

❺再次拆卸连杆轴承盖。

❻将曲轴径向间隙测量线的宽度与测量刻度进行比较。

径向间隙如下。

新：0.02～0.06mm。

磨损极限：0.09mm。

❼更换连杆的螺栓。

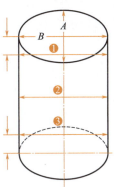

图 3-7-5　检查气缸内径

3. 检测气缸盖

检查气缸盖的变形情况：用 500mm 直尺 VAS 6075 和厚薄规从多处检查气缸盖是否变形（图 3-7-6）。

允许最大变形：0.05mm。

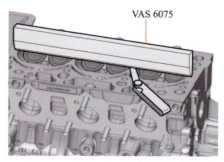

图 3-7-6　检查气缸盖的变形情况

第八节　发动机曲柄连杆机构常见故障案例分析

案例一： 发动机怠速抖动，明显感觉车身振动故障分析

1. 故障现象

发动机怠速抖动，坐在车内能明显感觉车身振动。

2. 故障诊断过程

❶ 使用 VAS 6150B 检测发动机，无故障记忆。

❷ 使用 VAS 6150B 读取发动机失火数据流，四个气缸均没有失火情况，详细如图 3-8-1 所示。

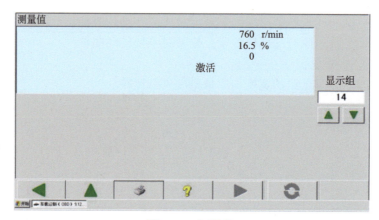

图 3-8-1　测量值

❸ 使用 VAS 6150B 读取发动机负荷、进气量、喷油量、爆震控制等数据。故障车辆数据如图 3-8-2 所示。

测量值

名称列	数值	识别
发动机转速	680 r/min	1.1
冷却液温度	87.0 ℃	1.2
氧传感器控制值	1.171875 %	1.3
基本设置的调节前提条件	11111111	1.4
发动机转速	680 r/min	2.1
发动机负荷	23.308270676691727%	2.2
平均喷射时间	0.765 ms	2.3
进气歧管压力	370.0 mbar	2.4
发动机转速	680 r/min	3.1
进气歧管压力	370.0 mbar	3.2
节气门角度(电位计)	2.3529411764705883%	3.3
点火提前角(当前值)	0.0 °	3.4
发动机转速	680 r/min	4.1
电压(12～15V)	14.194 V	4.2
冷却液温度	87.0 ℃	4.3
进气温度	23.0 ℃	4.4
气缸1点火提前角延时	0.0 °	20.1
气缸2点火提前角延时	0.0 °	20.2
气缸3点火提前角延时	0.0 °	20.3
气缸4点火提前角延时	0.0 °	20.4
RPM	680 r/min	22.1
发动机负荷	22.55639097744361%	22.2
气缸1点火提前角延时	0.0 °	22.3
气缸2点火提前角延时	0.0 °	22.4
RPM	680 r/min	23.1
发动机负荷	22.55639097744361%	23.2
气缸3点火提前角延时	0.0 °	23.3
气缸4点火提前角延时	0.0 °	23.4
爆震控制，气缸1爆震传感器放大器	1.092 V	26.1
爆震控制，气缸2爆震传感器放大器	1.092 V	26.2
爆震控制，气缸3爆震传感器放大器	1.092 V	26.3
爆震控制，气缸4爆震传感器放大器	1.4040000000000001V	26.4

图 3-8-2　故障车辆数据

正常车辆数据如图 3-8-3 所示。

测量值

名称列	数值	识别
发动机转速	680 r/min	1.1
冷却液温度	90.0 ℃	1.2
氧传感器控制值	1.953125%	1.3
基本设置的调节前提条件	01111111	1.4
发动机转速	680 r/min	2.1
发动机负荷	18.796992481203006%	2.2
平均喷射时间	0.765 ms	2.3
进气歧管压力	320.0 mbar	2.4
发动机转速	680 r/min	3.1
进气歧管压力	320.0 mbar	3.2
节气门角度(电位计)	3.1372549019607843%	3.3
点火提前角(当前值)	3.0 °	3.4
发动机转速	680 r/min	4.1
电压(12～15V)	14.1 V	4.2
冷却液温度	90.0 ℃	4.3
进气温度	24.0 ℃	4.4

图 3-8-3　正常车辆数据

通过数据对比发现故障车进气压力为370mbar，正常车进气压力为320mbar（1mbar=10^2Pa）。

④ 对发动机进气管进行检查，没有发现有任何的漏气情况。

⑤ 对碳管电磁阀控制管路进行检查，电磁阀控制功能正常（70组数据块分析），当电磁阀不工作时电池阀关闭，无漏气现象；进行曲轴箱通风检查，也未发现漏气情况。

⑥ 与正常车辆倒换进气歧管总成，试车，抖动依旧。

⑦ 测量发动机缸压：1缸12bar、2缸14bar、3缸14.5bar、4缸14bar（1bar=10^5Pa），从测量数据分析，1缸缸压比其他缸缸压低约2bar。

使用内窥镜检查发动机缸内的情况，缸内未发现气门烧蚀、活塞顶部损坏和气门口积炭卡滞等异常情况。

拆卸发动机缸盖分析，对1缸用汽油试验，发现1缸渗漏汽油，进气门关闭不严。

3. 故障原因分析

由于发动机1缸进气门关闭不严，1缸缸压稍低，导致发动机进气量偏高50mbar，出现发动机怠速抖动故障。

4. 故障处理方法

维修或更换气门、气缸盖。

5. 案例点评及建议

进行发动机怠速抖动、没有故障记忆和失火情况故障分析时，要充分掌握关键数据流，利用数据流分析可能故障原因，做好基本检查。

案例二： 发动机冷车抖动故障分析

1. 车型信息

宝马F46发动机：B38。
行驶里程：12341km。

2. 故障现象

冷车启动抖动严重，1min后发动机抖动更加明显，此时发动机故障灯亮。

3. 故障诊断与排除

故障码如图3-8-4所示。

代码	说明	里程数	存在	类别
140010	熄火，多个气缸：已识别	25941	是	
140110	熄火，气缸1：已识别	25941	是	
140001	熄火，多个气缸：喷射装置被关闭	25941	是	
140101	熄火，气缸1：喷射装置被关闭	25941	是	

图3-8-4 故障码

(1) 缺缸原因

❶ 不合适的混合气（油气混合）。
❷ 不合适的点火能量（火花能量强烈）。
❸ 不合适的气缸压缩（正时压缩）。

(2) 简单易行的原则

❶ 排除点火：倒换点火线圈和火花塞，依然 1 缸缺缸。
检查和测量点火线圈到 DME 的线束，正常；点火线圈供电正常；顺便测量 1 缸启动时点火波形，正常，可以暂时排除点火问题。
❷ 排除喷油：倒换了 1 缸喷油嘴，但依然 1 缸缺缸。
❸ 排除压缩比：测量压缩比，1 缸缸压偏低 0.5bar 左右。
❹ 排除正时：由于行驶中突然出现抖动缺缸现象，而其他缸都能正常工作，可以排除正时问题。

(3) 怀疑 DME

发动机缺缸时，测量 1 缸没有喷油波形，而其他缸正常，再次检查 1 喷油嘴到 DME 线路，正常，初步诊断为 DME 故障。由于 DME 属于 TC 部件，准备好相关数据及波形，提交 TC case，申请更换 DME；但进展并不顺利，通过与技术人员进一步细致沟通分析，DME 故障的证据不充分。

(4) 再次思索

重新整理思路，总结故障现象，对比同型号车辆，该车刚开始启动时，发动机非正常抖动，此时 3 个缸都在工作，只是不平稳，但 1min 以后，抖动加剧，1 缸缺缸。
读取 DME 数值，在刚启动时，平稳数值变化很大，且无规律，但随着启动，1 缸的熄火计数器数值在逐渐增加，从 0 增加到 258 时发动机开始缺缸抖动，但其他缸都在 0 数值不变。

(5) 测量点火喷油波形及分析

从故障整体现象考虑，问题点还是在 1 缸控制，分别测量从启动到缺缸时 1 缸的喷油和点火波形。
❶ 点火波形特点：刚启动时 1 缸点火波形正常，后来变得有杂波，此时，1 缸不喷油。
❷ 喷油波形特点：刚启动时 1 缸喷油波形正常，1min 左右，当点火波形有杂波后，1 缸无喷油波形，发动机缺缸抖动。
分析如下。
既然开始启动时 DME 喷油、点火控制正常，说明 DME 出现故障的可能性不大。
此时对点火异常波形进行分析：刚启动时点火波形还算正常，但 1min 后，1 缸的点火波形有杂波，且点火时间短，说明 1 缸点火能量不足，做功不良，导致发动机抖动，此时断油，进入保护状态。
推断如下。
控制方面故障可以排除，为验证是否为 1 缸机械配合方面存在问题，拆检气门室盖后，发现故障点。

（6）故障排除

拆检气门室盖，发现1缸的排气门（靠近2缸一侧）气门弹簧断裂，该排气门已经同气门导管粘着在一起，不能旋转和上下移动，且有很多铝屑在该气门油封处。

彻底分解发动机，1缸缸壁有一道很深的划伤，更换发动机总成，故障排除。

4. 案例总结

该车故障现象非常特殊，刚开始启动时就抖动，1min后，抖动更加明显，上升到缺缸抖动，如果只是断章取义地针对缺缸进行诊断的话，因为此时不喷油，很容易怀疑DME故障。

断油的原因很多，除了一般直接控制外，还有间接控制，气缸做功不良的情况也是导致喷油关闭的重要原因。

第四章 发动机配气机构

第一节 配气机构的组成与功用

1. 配气机构的作用

配气机构（图 4-1-1）的作用是按照发动机每一气缸内所进行的工作循环和点火顺序的要求，定时开启和关闭各气缸的进、排气门，使新鲜充量得以及时进入气缸，废气得以及时从气缸排出；在压缩与做功行程中，保证燃烧室的密封。新鲜气体对于汽油机而言是汽油和空气的混合气，对于柴油机而言是纯空气。

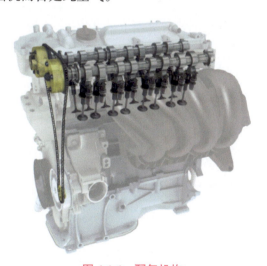

图 4-1-1　配气机构

2. 配气机构组成

配气机构主要由三大部分组成：气门组、气门传动组及气门驱动组（图 4-1-2）。

气门组由气门、气门导管、气门弹簧、气门锁片及气门弹簧等组成。
气门传动组由凸轮轴、摇臂等组成。
气门驱动组由正时链条、凸轮轴正时齿轮及曲轴正时齿轮等组成。

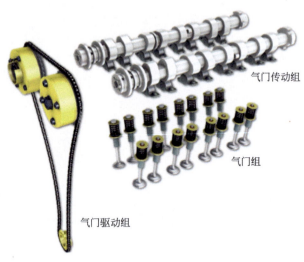

图 4-1-2　配气机构组成

3. 配气机构的工作原理

凸轮轴通过正时齿轮由曲轴驱动。四冲程发动机完成一个工作循环曲轴转两圈（720°），各缸进、排气门各开启一次，凸轮轴只需转一圈，因此曲轴转速与凸轮轴转速之比为 2∶1。当凸轮（下置式）凸起部分与挺柱接触时，将挺柱顶起，挺柱通过推杆、调整螺钉使摇臂绕摇臂轴顺时针摆动，摇臂的长臂端向下推动气门，压缩气门弹簧，将气门头部推离气门座而打开。当凸轮凸起部分的顶点转过挺柱后，便逐渐较少了对挺柱的推力，气门在其弹簧张力的作用下，开度逐渐减少，直至最后关闭，使气缸密封。

从上述工作过程可以看出，气门的开启是通过气门传动组的作用完成的，而气门的关闭则是由气门弹簧来完成的。气门的开闭时刻与规律完全取决于凸轮的轮廓曲线形状。每次气门打开时都压缩弹簧，为气门关闭积蓄能量。

第二节　正时链条的拆装

1. 概述

（1）气门驱动组组成

气门驱动为链式驱动。气门驱动组主要由正时链条、凸轮轴正时齿轮及曲轴正时齿轮等组成（图 4-2-1）。气门驱动组通过正时链条及正时齿轮使曲轴驱动凸轮轴转动。

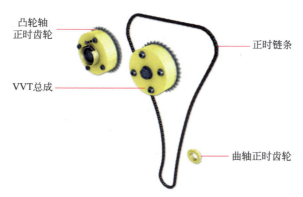

图 4-2-1　气门驱动组组成

（2）正时链条张紧器结构

配气机构采用链条式驱动时，为使链条在工作时具有一定的张力而不致脱链，在正时链条上装有张紧器和导链板。正时链条张紧器主要由张紧器壳体、单向阀、减容器、导向销、柱塞、张紧滑轨等组成（图 4-2-2）。

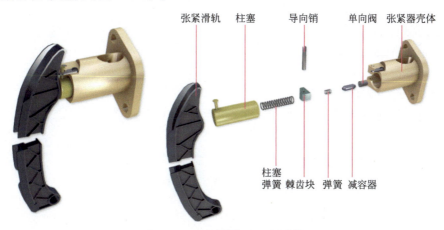

图 4-2-2　正时链条张紧器结构

（3）正时链条的作用

正时链条的作用是将曲轴正时齿轮的动力传递给凸轮轴正时齿轮，并且保证了曲轴正时齿轮与凸轮轴正时齿轮正确的相对位置（图 4-2-3）。

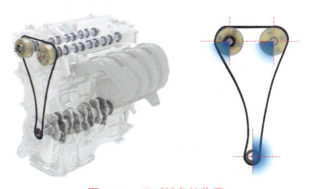

图 4-2-3　正时链条的作用

2. 拆卸正时链条

所需要的专用工具和维修设备：装配工具 T10352/2、固定支架 T10355、定位销 T40011、装配杆 T40243、定位工具 T40267、凸轮轴固定装置 T40271、装配工具 T40266、安装工具 T10531。

安装工具 T10531 的各部件：定位件 T10531/1、张紧销 T10531/2、旋转工具 T10531/3、带肩螺母 T10531/4（图 4-2-4）。

视频精讲

图 4-2-4　安装工具 T10531

拆卸步骤如下。

❶ 拆卸正时链条上部盖板。
❷ 拆卸隔音垫。
❸ 拆卸右侧轮罩内板前部件。
❹ 用固定支架 T10355 将减振器/曲轴皮带轮转入"上止点位置"。

凸轮轴链轮的标记 1 必须对准标记 2 和 3（图 4-2-5）。

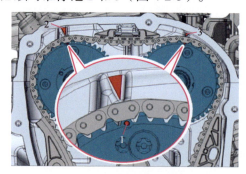

图 4-2-5　对准凸轮轴链轮标记

减振器/曲轴皮带轮上的缺口和正时链条下方盖板上的标记（箭头）必须相互对着（图 4-2-6）。

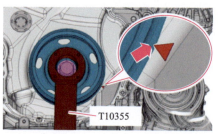

图 4-2-6　曲轴皮带轮上的缺口和正时链条下方盖板上的标记

❺拆卸正时链条下部盖板。

控制阀是左旋螺纹。

❻用装配工具T10352/2沿箭头方向拆下左侧和右侧的控制阀（图4-2-7）。

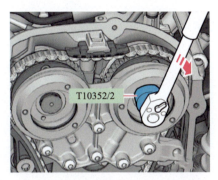

图4-2-7　拆下左侧和右侧的控制阀

❼拧下螺栓（箭头），取下轴承座（图4-2-8）。

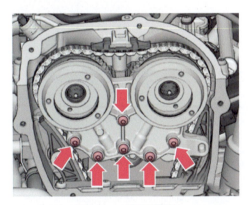

图4-2-8　拧下螺栓

❽拧出螺栓（箭头）（图4-2-9）。

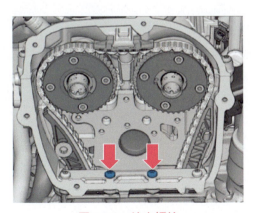

图4-2-9　拧出螺栓

❾ 拧入装配杆 T40243（箭头）（图 4-2-10）。
❿ 将链条张紧器的卡环 1 压到一起并固定。
⓫ 将装配杆 T40243 沿箭头方向缓慢地按压并固定。

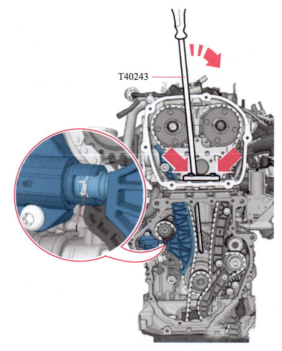

图 4-2-10　装配杆 T40243

⓬ 用定位工具 T40267 固定链条张紧器（图 4-2-11）。

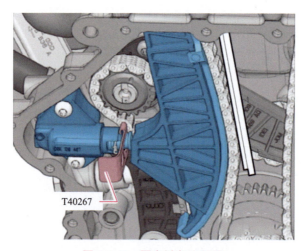

图 4-2-11　固定链条张紧器

⓭ 拆卸装配杆 T40243。
⓮ 将凸轮轴固定装置 T40271/2 拧到气缸盖上并沿箭头方向推入链轮的啮合齿 2 中。必要时用装配工具 T40266 转动进气凸轮轴 1（图 4-2-12）。

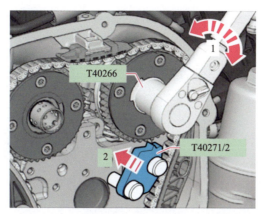

图 4-2-12　安装凸轮轴固定装置 T40271/2

⑮ 将凸轮轴固定装置 T40271/1 拧到气缸盖上。接下来的工作步骤需要有另一位机修工协助。

⑯ 将排气凸轮轴用装配工具 T40266 沿箭头 A 方向固定。拧出螺栓 1，将张紧轨 2 向下推。将凸轮轴沿顺时针继续旋转，直到凸轮轴固定装置 T40271/1 能够推入链轮啮合齿 B（图 4-2-13）。

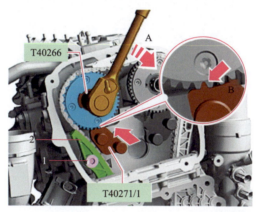

图 4-2-13　固定排气凸轮轴后顺时针旋转

⑰ 拆卸滑轨 1，为此用螺丝刀打开卡子（箭头），然后将滑轨向前推开（图 4-2-14）。

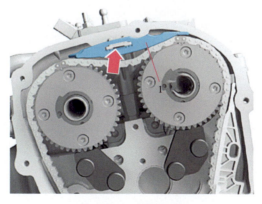

图 4-2-14　拆卸滑轨

⑱ 拧下螺栓（箭头），拆下链条张紧器 1（图 4-2-15）。

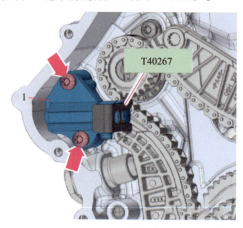

图 4-2-15　拧下螺栓

⑲ 沿箭头方向按压机油泵的链条张紧器张紧卡箍，并用定位销 T40011 卡住（图 4-2-16）。
⑳ 拧出螺栓 1 并拆下链条张紧器 2（图 4-2-16）。

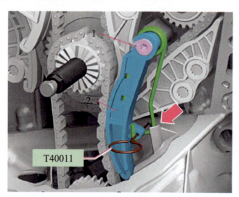

图 4-2-16　安装定位销 T40011

㉑ 拧出螺栓 1，拆下滑轨 2（图 4-2-17）。

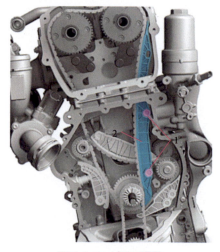

图 4-2-17　拆下滑轨

㉒将凸轮轴正时链条从凸轮轴齿轮上取下,并挂到凸轮轴的销轴上(箭头)(图4-2-18)。

图4-2-18　正时链条

㉓拆卸平衡轴正时链条的张紧器1(图4-2-19)。

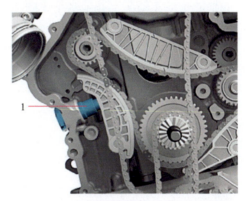

图4-2-19　拆卸平衡轴正时链条的张紧器

㉔拧出螺栓1,拆卸张紧轨2以及滑轨3和4(图4-2-20)。

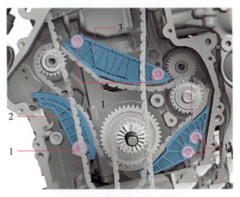

图4-2-20　拆卸张紧轨

㉕松开张紧销A,拧出张紧销B(图4-2-21)。
㉖取出三级链轮,同时卸下机油泵驱动装置的正时链条。
㉗取下凸轮轴正时链条和平衡轴传动链条。

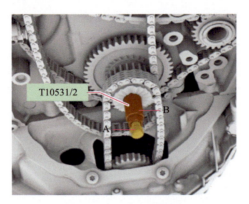

图 4-2-21　拧出张紧销

3. 安装正时链条

❶ 检查曲轴的上止点，曲轴的平端（箭头）必须水平（图 4-2-22）。
❷ 用防水记号笔在气缸体 1 上做标记（图 4-2-22）。

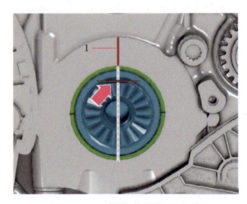

图 4-2-22　检查曲轴的上止点

❸ 用防水记号笔在三级链轮的齿 1 上做标记 2（图 4-2-23）。

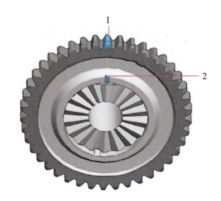

图 4-2-23　做标记

❹ 将中间齿轮和平衡轴转至标记（箭头），螺栓 1 不得松开。中间齿轮和平衡轴之间

的标记很难看到（图 4-2-24）。

图 4-2-24　将中间齿轮和平衡轴转至标记

❺ 放上平衡轴传动链条，将彩色链节（箭头）定位到链轮的标记上（图 4-2-25）。

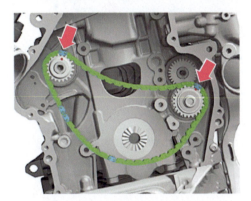

图 4-2-25　将彩色链节（箭头）定位到链轮的标记上

❻ 安装滑轨 1 并拧紧螺栓（箭头）（图 4-2-26）。

图 4-2-26　安装滑轨

❼ 将带彩色链节的凸轮轴正时链条挂到凸轮轴销轴上。
❽ 将机油泵驱动装置的正时链条放到三级链轮上。

❾ 沿图 4-2-27 中下部箭头方向将三级链轮向发动机侧翻转并插到曲轴上。标记（上部箭头）必须相对（图 4-2-27）。

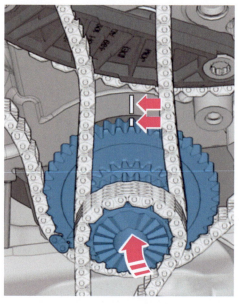

图 4-2-27　对好标记

a. 将张紧销 T10531/2 拧入曲轴并用手拧紧（图 4-2-28）。

图 4-2-28　将张紧销拧入曲轴

b. 装上旋转工具 T10531/3。用手拧上带肩螺母 T10531/4。用开口宽度为 32mm 的开口扳手略微来回移动旋转工具，同时再拧紧带肩螺母，直到链轮牢固地装到曲轴啮合齿上，然后拧紧夹紧螺栓 A（图 4-2-29）。

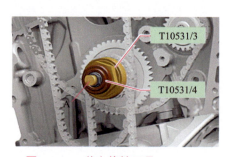

图 4-2-29　装上旋转工具 T10531/3

❿ 将平衡轴传动链条的彩色链节（箭头）定位在三级链轮的标记上。安装张紧轨 1 和滑轨 2，拧紧螺栓 3（图 4-2-30）。

图 4-2-30　彩色链节定位在三级链轮的标记上

⓫ 安装链条张紧器。
⓬ 再次检查调整情况，彩色链节（箭头）必须对准链轮的标记（图 4-2-31）。

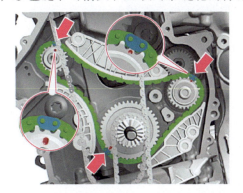

图 4-2-31　彩色链节（箭头）必须对准链轮的标记

⓭ 将凸轮轴正时链条放到进气凸轮轴上，排气凸轮轴放到曲轴上。将彩色链节（箭头）定位到链轮的标记上（图 4-2-32）。

图 4-2-32　将彩色链节定位到链轮的标记上

⑭ 安装滑轨并拧紧螺栓。
⑮ 安装上部滑轨。
接下来的工作步骤需要有另一位机修工协助。

a. 将排气凸轮轴用装配工具 T40266 沿箭头 A 方向略微转动，并将凸轮轴固定装置 T40271/1 从链轮的啮合齿中推出（箭头 B）（图 4-2-33）。

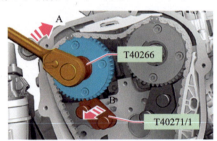

图 4-2-33 装配工具

b. 将凸轮轴沿箭头 C 方向松开，直到正时链条紧贴到滑轨 1 上。将凸轮轴固定在这个位置，拧上张紧轨 2 并拧紧螺栓 3（图 4-2-34）。

图 4-2-34 转动凸轮轴

⑯ 安装链条张紧器并拧紧螺栓。
⑰ 钢丝夹必须在开口中紧贴油底壳上部件。紧固螺栓并去除固定销 T40011。
⑱ 将进气凸轮轴用装配工具 T40266 固定好并转动凸轮轴，直到凸轮轴固定装置 T40271/2 可以从链轮的啮合齿中推出。松开凸轮轴。
⑲ 拆卸凸轮轴固定装置 T40271/1 和 T40271/2。
⑳ 检查调整情况，彩色链节必须对准链轮的标记（图 4-2-35）。

视频精讲

图 4-2-35 检查调整情况

❷ 其他安装以倒序进行。

因为传动比的原因，有色的链节在发动机转动之后不再对齐。

第三节　气门杆密封件维修

1. 概述

（1）气门组组成

气门组主要由气门、气门导管、气门油封、气门弹簧、弹簧座、气门锁片组成。气门组件应保证气门与座在活塞压缩和做功行程中实现气缸的密封（图 4-3-1）。

图 4-3-1　气门组组成

（2）气门结构

气门由头部、杆部和锁止部分组成，包括气门头部、气门杆、锁片环槽等（图 4-3-2）。气门密封锥面的锥角称为气门锥角，一般为 45° 或 30°。气门边缘应保持一定的厚度，一般为 1～3mm。气门杆为圆柱形，在气门导管中不断进行往复运动。

图 4-3-2　气门结构

（3）气门的作用

气门是燃烧室的组成部分，在活塞压缩和做功过程中密封气缸。同时，气门在进、排气行程中打开或关闭进排气道（图 4-3-3）。

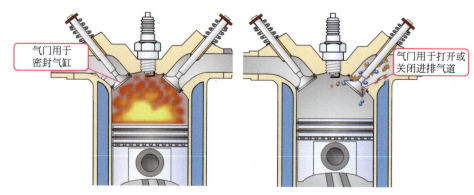

图 4-3-3　气门的作用

（4）气门导管的作用

气门导管的作用是为气门的运动导向，保证气门做直线往复运动。同时，气门还为气门杆散热（图 4-3-4 和图 4-3-5）。

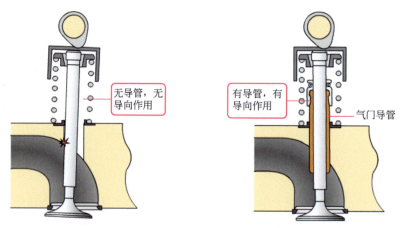

图 4-3-4　散热作用

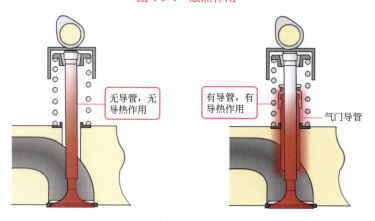

图 4-3-5　气门导管的作用

（5）气门弹簧的作用

气门弹簧的作用是使气门及时关闭，并保证气门与气门座紧密贴合，防止气门发生跳动（图 4-3-6）。

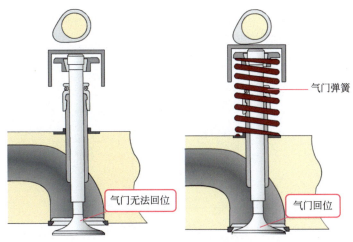

图 4-3-6　气门弹簧的作用

（6）气门锁片的作用

气门锁片的作用是使气门与气门弹簧座紧密贴合，防止气门在运动过程中脱落（图 4-3-7）。

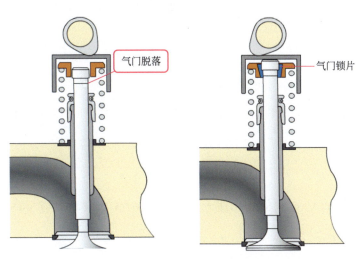

图 4-3-7　气门锁片的作用

2. 拆卸气门杆密封件

所需要的专用工具和维修设备：火花塞扳手 3122 B 或 Hazet 4766-1、气门杆密封件起拔器 3364、气门杆密封件推杆 3365、适配接头 T40012、扭矩扳手 VAG 1331、拆卸和装配工具组 VAS 5161、导向板 VAS 5161/19A。

拆卸气门杆密封件的步骤如下。

❶ 拆卸凸轮轴。

❷ 取出滚子摇臂并将其放到一块干净的垫板上。同时注意，不要混淆滚子摇臂。

❸ 用火花塞扳手 3122 B 或 Hazet 4766-1 旋出火花塞。

❹ 将导向板 VAS 5161/19A 用滚花螺栓 VAS 5161/12 按图 4-3-8 所示拧紧在气缸盖上。

❺ 将相应气缸的活塞置于"下止点"。

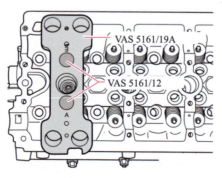

图 4-3-8　安装导向板

❻ 将适配接头 T40012 旋入火花塞螺纹中，并用至少 6bar（1bar=10^5Pa）过压的高压空气将其连接（图 4-3-9）。

❼ 将固定的气门锥形锁夹用锤芯 VAS 5161/3 和一个塑料锤敲松。

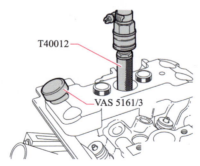

图 4-3-9　安装适配接头 T40012

a．在进气侧

● 将棘爪分度机构 VAS 5161/6 和挂入叉 VAS 5161/5 拧入导向板 VAS 5161/19A 的中间螺纹中（图 4-3-10）。

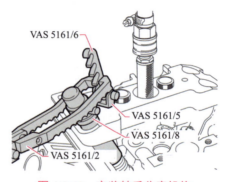

图 4-3-10　安装棘爪分度机构

- 将装配套筒 VAS 5161/8 插入导向板 VAS 5161/19A 中。
- 将压叉 VAS 5161/2 挂在棘爪分度机构 VAS 5161/6 上。

b．在排气侧

- 将棘爪分度机构 VAS 5161/6 和挂入叉 VAS 5161/5 拧入导向板 VAS 5161/19A 的外侧螺纹中（图 4-3-11）。
- 压下装配套筒 VAS 5161/8，同时向右旋转装配套筒 VAS 5161/8 的滚花螺栓，直到螺栓尖端嵌入气门锥形锁夹中。
- 略微来回移动滚花螺栓，借此将气门锥形锁夹相互压开并纳入装配套筒中。
- 松开压叉 VAS 5161/2。
- 取出装配套筒 VAS 5161/8。

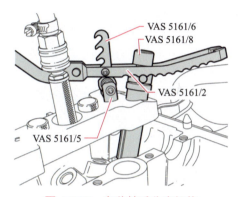

图 4-3-11　安装棘爪分度机构

❽ 用气门杆密封件起拔器 3364 沿箭头方向拔出气门杆密封件（图 4-3-12）。

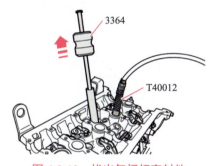

图 4-3-12　拔出气门杆密封件

❾ 如果气门杆密封件起拔器 3364 因为空间有限而无法使用，请按下列步骤处理。
用一个芯轴将夹紧销（箭头）顶出并将敲击套件取下（图 4-3-13）。

图 4-3-13　气门杆密封件起拔器 3364

将气门杆密封件起拔器 3364 的下部装到气门杆密封件上。

将一根芯轴 1 插在起拔工具下部件的钻孔中（图 4-3-14）。

将装配杆安装在起拔工具上并将气门杆密封件拔出（箭头）（图 4-3-14）。

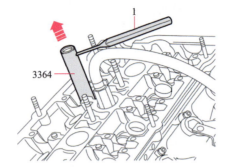

图 4-3-14　与气门杆密封件起拔器 3364 配合使用

3. 安装气门杆密封件

❶ 为了避免损坏新的气门杆密封件 B，将塑料套筒 A 套到气门杆上（图 4-3-15）。

❷ 给气门杆密封件 B 的密封唇涂上油，将其装入气门杆密封件推杆 3365 中，并小心地推到气门导管上。

❸ 取出塑料套筒 A。

❹ 将气门弹簧和气门弹簧座安装上。

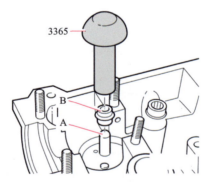

图 4-3-15　避免损坏新的气门杆密封件

❺ 将拆卸和装配工具 VAS 5161 按要求进行安装。

如果气门锥形锁夹已从装配套筒中取出，必须先将它们装入插入工具 VAS 5161/18 中。

a. 将装配套筒 VAS 5161/8 从上面压在插入工具 VAS 5161/18 上并定位气门锥形锁夹。

b. 将装配套筒 VAS 5161/8 用压叉 VAS 5161/2 向下压，将装配套筒的滚花螺栓来回转动并同时将其向上拉。

c. 在拉住滚花螺栓时，松开压叉 VAS 5161/2。

d. 拆卸和装配工具 VAS 5161。

e. 其余的安装工作大体以倒序进行。
f. 安装凸轮轴。

4. 配气相位

配气相位是指用曲轴转角来表示进、排气门实际开闭时间和开启持续时间。通常用相对于上、下止点曲拐位置的曲轴转角的环形图来表示，环形图被称为配气相位图（图 4-3-16）。

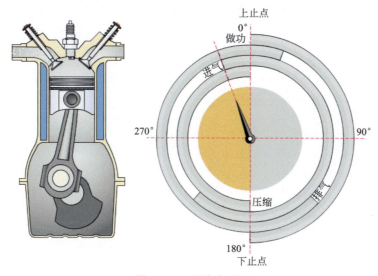

图 4-3-16　配气相位图

发动机气门实际开闭时刻是早开迟闭，延长进、排气时间，以保证进气充足，废气排放完全。
进气门提前角一般为 10°～30°，进气门延迟角一般为 40°～80°。排气门提前角一般为 40°～80°，排气门延迟角一般为 10°～30°（图 4-3-17 和图 4-3-18）。

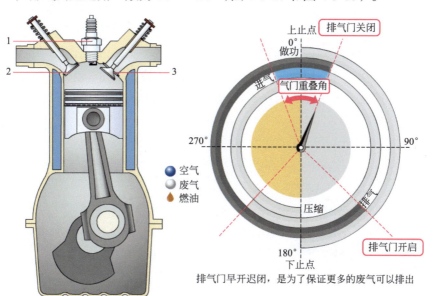

排气门早开迟闭，是为了保证更多的废气可以排出

图 4-3-17　进气相位图（一）
1—火花塞；2—排气门；3—进气门

汽车发动机构造原理与诊断维修

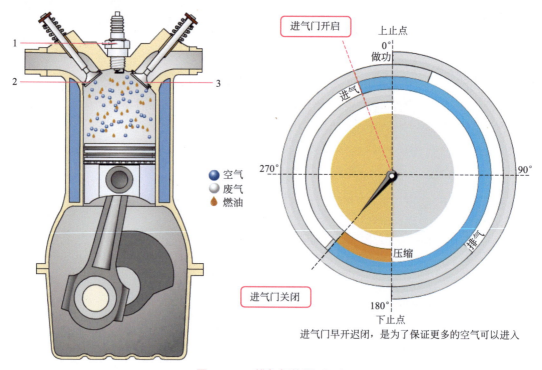

图 4-3-18　排气相位图（二）

1—火花塞；2—排气门；3—进气门

第四节　凸轮轴维修

视频精讲

1. 概述

（1）气门传动组组成

气门传动组主要由排气凸轮轴、进气凸轮轴、摇臂、液压挺柱等组成。气门传动组的作用是使进、排气门能按发动机工作需求在规定的时刻开闭，并且保证有足够的开度（图 4-4-1）。

图 4-4-1　气门传动组组成

（2）凸轮轴结构

凸轮轴上有进气凸轮、排气凸轮、前端轴、凸轮轴轴颈以及凸轮轴位置传感器信号盘等。现代发动机多采用凸轮轴顶置式配气机构，即凸轮轴安装在气缸盖上（图 4-4-2）。

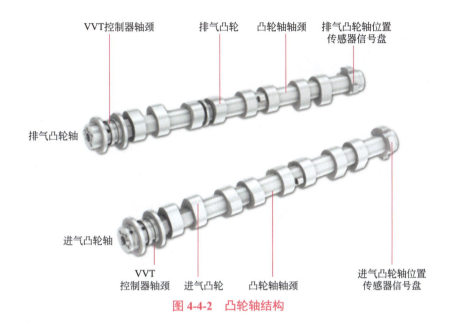

图 4-4-2　凸轮轴结构

（3）凸轮轴的作用

凸轮轴的作用是使气门按一定的工作次序和配气相位及时开闭，并保证气门有足够的升程。凸轮轴由发动机曲轴驱动旋转，并将力传递给摇臂（图 4-4-3）。

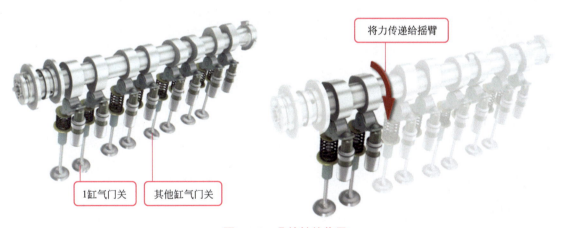

图 4-4-3　凸轮轴的作用

（4）摇臂结构

摇臂主要由摇臂支架、衬套、滚轮、滚针、滚轮轴组成。摇臂的实质是杠杆，凸轮轴顶置式配气机构采用的摇臂为单臂杠杆。摇臂的支点为摇臂支座（图 4-4-4）。

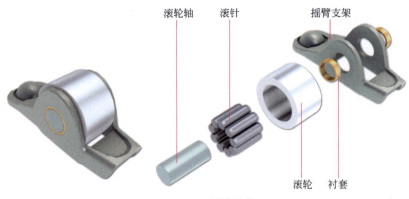

图 4-4-4　摇臂结构

（5）摇臂的作用

摇臂的作用是通过将凸轮轴的旋转运动转变为摇臂的上下摆动，从而控制气门的开启。

2. 拆卸凸轮轴

❶ 按顺序 1～6 旋出气缸盖罩的螺栓（图 4-4-5）。
❷ 取下气缸盖罩。
❸ 取下凸轮轴并遮盖发动机的敞开部分。

视频精讲

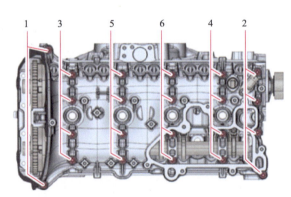

图 4-4-5　取下凸轮轴

3. 安装凸轮轴

密封面上必须无机油和油脂；所有滚子摇臂都必须正确位于气门杆末端。

❶ 如果曲轴在此期间发生转动，则将气缸 1 的活塞移到上止点位置并将曲轴再略微反向旋转。
❷ 清除气缸盖罩凹槽中以及密封面上的密封剂残留物。
❸ 清洁密封面，必须使其无油脂。

❹ 给凸轮轴的摩擦面上油。
❺ 将进气凸轮轴 A 插入气缸盖。将 4 缸的凸轮（箭头）向上转动（图 4-4-6）。
❻ 检查凸轮轴调节执行元件的挺杆是否缩回。

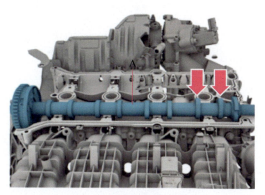

图 4-4-6　进气凸轮轴

❼ 将排气凸轮轴插入气缸盖罩。凸轮对 A 和 B 必须相互推动（图 4-4-7）。

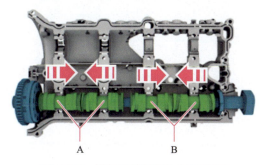

图 4-4-7　排气凸轮轴插入气缸盖罩

❽ 转动排气凸轮轴，直到标记 A 和 B 相对（图 4-4-8）。

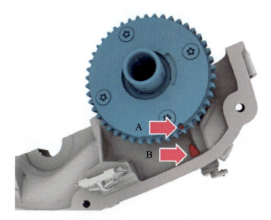

图 4-4-8　标记 A 和 B 相对

❾ 在气缸盖罩的干净密封面上涂覆密封剂。密封剂厚度为 2～3mm。
❿ 固定凸轮轴，将气缸盖罩及凸轮轴装在气缸盖上（图 4-4-9）。

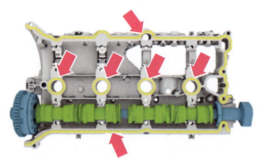

图 4-4-9 将气缸盖罩及凸轮轴装在气缸盖上

⓫ 用手略微按压气缸盖罩，同时略微转动凸轮轴，直到气缸盖罩"无应力地"贴在气缸盖上（图 4-4-10）。

视频精讲

图 4-4-10 略微转动凸轮轴

⓬ 更换气缸盖罩的螺栓。
⓭ 分多步拧紧螺栓。
第 1 步，分多步用手拧入螺栓。
第 2 步，用扭矩扳手以 8N·m 的力矩拧紧螺栓。
第 3 步，用刚性扳手继续旋转 90°。

注意气缸盖罩不能歪斜。

第五节　配气机构的检测

1. 检查正时链条

出现故障（如异响）时，如果怀疑原因在于凸轮轴正时链条过长，可以按如下所述

检查正时链条。

❶ 拆卸右侧车轮或右侧轮罩内板。

❷ 取下密封塞（箭头），必须更换密封塞（图 4-5-1）。

图 4-5-1　取下密封塞

❸ 沿发动机转动方向转动减振器/曲轴皮带轮，直至链条张紧器活塞沿图 4-5-2 中上部箭头方向最大限度伸出。

❹ 数出可见的活塞齿数。

可见齿数是指位于张紧器壳体右侧的（图 4-5-2 中下部箭头）所有的齿。

如可见齿数不超过 6 个，则不可更换正时链条；如可见齿数不少于 7 个，则必须更换正时链条。

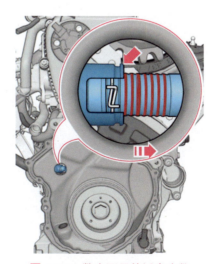

图 4-5-2　数出可见的活塞齿数

2. 检查配气相位

所需要的专用工具和维修设备：套筒扳手接头 SW24、千分表 VAS 6341、千分表转接头 T10170A。

❶ 拆卸正时链条上部盖板。

❷ 拆卸右侧车轮和右侧轮罩内板前部件。

❸ 用开口宽度为 24mm 的套筒扳手接头沿发动机运转方向转动减振器/曲轴皮带轮上的曲轴，直至标记 1 和 2 几乎位于上方（图 4-5-3）。

❹ 拆卸 1 缸的带功率输出级的点火线圈。

❺ 用火花塞扳手 3122 B 拆卸 1 缸的火花塞。

图 4-5-3　标记 1 和 2 位于上方

❻ 将千分表转接头 T10170A 拧入火花塞螺纹内，直至极限位置（图 4-5-4）。

❼ 将千分表 VAS 6341 用加强件 T10170A-1 插入极限位置，用锁紧螺母（箭头）固定住（图 4-5-4）。

❽ 缓慢地沿发动机转动方向旋转曲轴，直至指针达到极限位置。在指针达到极限位置（指针回返点）时，活塞位于"上止点"。

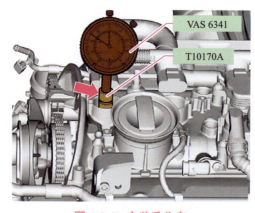

图 4-5-4　安装千分表

使用棘轮和套筒扳手接头 SW24 转动减振器/曲轴皮带轮。如果曲轴转到"上止点"上，则必须将曲轴沿发动机转动方向再次转动 2 圈。请勿逆向转动发动机。

⑨ 减振器/曲轴皮带轮缺口必须对准正时链条下盖板上的（箭头）标记（图4-5-5）。
⑩ 凸轮轴链轮的标记1必须对准气缸盖上的标记2和3（图4-5-5）。

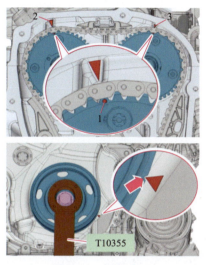

图4-5-5　对准标记

3. 检测气门导管

所需要的专用工具和维修设备：通用千分表支架VW 387、千分表VAS 6079。
检测流程如下。
❶ 将气门插入气门导管中。气门杆末端必须紧贴导管。因为杆直径不同，进气门只能用在进气门导管中，而排气门只能用在排气门导管中（图4-5-6）。
❷ 确定松旷间隙。

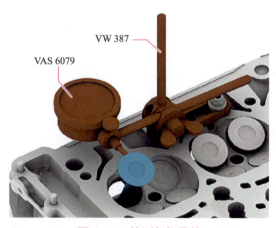

图4-5-6　检测气门导管

磨损极限如下。
进气门导管：0.80mm。
排气门导管：0.80mm。

> **提示**
>
> 如果超过磨损极限，则用新气门重复测量。如果仍然超过磨损极限，则更换气缸盖。如果修理时更换气门，则用新气门测量。

4. 检查气门

❶ 检查气门杆上和固定区域上的磨痕。
❷ 如果有清晰的磨痕，则更换气门。

第六节　发动机配气机构常见故障案例分析

案例一：发动机怠速不稳故障分析

1. 车型信息

车型：F02。
发动机：N52。
行驶里程：约 150000km。

2. 故障现象

怠速不稳。

3. 故障诊断与排除

（1）电脑诊断

存有以下故障码。
12B008：后氧 2，滑行中从浓到稀，反应滞后。
12AF08：后氧 1，滑行中从浓到稀，反应滞后。
102002：空气质量，可信度，空气质量过低。
128601：前氧 2，滑行中，信号超出极限值范围。

（2）试车

❶ 此车在启动的瞬间发动机转速只能达到 700r/min，然后慢慢上升到 900～1000r/min，且平稳性不好，正常的车辆启动时发动机转速直接达到 1300r/min，且非常平稳。
❷ 在故障出现时 1 缸平稳值先达到 3.6 左右，然后降到 1.6 左右，发动机抖动严重，尾气有生油味，前后氧传感器电压分别为 1.2V、0.98V，空气流量为 13～14kg/h。

❸ 在非怠速状态下路试，发动机运转平稳，加速正常。
❹ 在将 VANOS 电磁阀插头拔下时发动机进入应急模式，发动机运转非常平稳且不出现故障。

（3）故障分析

❶ 此车高负荷加速时发动机运转正常，可排除点火、喷油、缸压、油压的故障，对调催化剂通道和进气道，可以排除进气泄漏和排气不畅的问题。

❷ 通过进气歧管人为加浓，氧传感器反应正常，可排除氧传感器本身信号不准故障。

❸ 分析应急模式被禁用的有 VANOS 和气门升程调节，于是拆检 VVT 机构，发现 1 缸进气的液压补偿元件损坏，更换后试车正常，客户使用一个月后返厂，故障再次出现。

❹ 拆检 VANOS 机构，之前已将 VANOS 单元更换，拆检进排气凸轮轴，发现进气凸轮轴上 4 缸和 6 缸的轴瓦与轴颈有异常磨损。

❺ 将进气凸轮轴的每个轴承盖逐一拆下检查，发现第 4 道和第 6 道的凸轮轴轴颈表面有异常磨损（图 4-6-1）。

(a) 进气凸轮轴第四道瓦盖　　　(b) 进气凸轮轴第六道瓦盖

图 4-6-1　故障位置

❻ 为确认故障是由进气凸轮轴异常磨损导致，将气缸盖进行对调，多次试车，故障现象消失。

（4）查修结果

由于进气凸轮轴上的 4 缸和 6 缸轴颈有异常磨损，导致进气门调节滞后，从而出现怠速不稳甚至熄火故障。

4. 案例总结

之前一直纠结于 1 缸平稳值大的问题，是因为 1 缸作为 Valetronic 系统调节的开始，故总是 1 缸先出现抖动。VANOS 位置监控是有一定的范围的，只有超过这个范围才出现报警，所以之前一直没有怀疑凸轮轴卡滞对气门调节的影响，才走了不少弯路。

案例二：车辆行驶时熄火故障分析

1. 车型信息

车型：MINI R60。
发动机：N16。

行驶里程：3012km。

2. 故障现象

客户反映车辆在行驶中熄火，出现过多次。

3. 故障诊断与排除

该车是库存车，生产日期是 2015 年 6 月，车辆首次登记时间是 2017 年 4 月。

客户反映车辆是在提车后 6 个月左右，行驶中出现了熄火，之后又有几次在行驶中出现熄火现象。

（1）维修记录

车辆行驶到 1349km 时，在异地 4S 店检查有"电子气门控制系统，热过载保护装置"故障（图 4-6-2），其店技师对车辆更换了 VVT 电动机，并对车辆编程。

车辆行驶到 1356km 时，在异地另一家 4S 店做了发动机积炭清洗。

4.1.故障清单上部
持续时间　　　　　0分钟36.41秒(30.09.2017 09:49:52.752 ... 09:50:29.168)

故障代码存储器					
SGBD	BNTN	设码编号	说明	里程数	目前是否存在？
CAS	---	0x00A0B0	CAS 输入端 制动信号灯 不可信	1344	否
MV1722	---	0x002771	熄火，气缸1	1340	否
MV1722	---	0x002775	熄火，气缸3	1340	否
MV1722	---	0x002781	熄火，多个气缸	1340	否
MV1722	---	0x0027BA	熄火，多个气缸	1340	否
MV1722	---	0x0027BB	熄火，气缸1	1340	否
MV1722	---	0x0027BD	熄火，气缸3	1340	否
MV1722	---	0x00285F	电子气门控制系统，热过载保护装置	1340	否
SPEG56	---	0x00A6E8	JBE 中控锁重复断电机构	1344	否

图 4-6-2　故障码（一）

车辆拖进店后，在店内短途路试，未出现熄火现象，启动和加速均正常。

诊断车辆，读取故障码，如图 4-6-3 所示。

故障代码存储器					
SGBD	BNTN	设码编号	说明	里程数	目前是否存在？
CAS	---	0x00A0B0	CAS 输入端 制动信号灯 不可信	2240	否
CAS	---	0x00A0B1	CAS 选挡杆位置输入端不可信	2816	否
MV1722	---	0x002771	熄火，气缸1	2800	否
MV1722	---	0x002779	熄火，气缸4	2800	否
MV1722	---	0x00277D	熄火，气缸2	2800	否
MV1722	---	0x002781	熄火，多个气缸	2800	否
MV1722	---	0x0027BA	熄火，多个气缸	0	否
MV1722	---	0x0027BB	熄火，气缸1	2800	否
MV1722	---	0x0027BC	熄火，气缸2	2800	否
MV1722	---	0x0027BE	熄火，气缸4	2800	否
MV1722	---	0x00285F	电子气门控制系统，热过载保护装置	3010	否
MV1722	---	0x002B67	空气流量，可信度	2980	否

图 4-6-3　故障码（二）

诊断为"电子气门控制系统,热过载保护装置"和多缸熄火故障,由于故障当前不存在,于是未做进一步检查及测量,继续进行路试。

路试过程中发现,有几次急踩油门踏板,车辆便会出现抖动,随后出现熄火。客户抱怨的故障重现。

技术部的反馈信息如下。

放出发动机机油,无明显的碎屑异物;检查进气门、节气门及燃烧室,都无明显积炭现象。

考虑到关于"电子气门控制系统,热过载保护装置"的故障码一直存在,并且该车已经更换过VVT电动机,于是决定拆盖子检查VVT内部情况。

拆下气门室盖,分解VVT机构时发现偏心轴上信号磁轮的固定螺栓未紧固(图4-6-4)。

图 4-6-4　故障位置

结合此故障点(偏心轴传感器磁轮上螺栓未紧固),回顾故障现象:在偏心轴运转过程中,磁轮在不停摇晃,此时偏心轴传感器无法准确检测到偏心轴的位置,于是VVT电动机介入,不断地调节偏心轴,当电动机长时间调节时出现过热保护,如果此时驾驶员急踩油门踏板,进气门开度无法达到进气需求量,便会造成进气量不足,导致车辆熄火。

(2)维修结果

向技术部反馈信息后,同时检查进气凸轮轴发现有轻微划痕,为避免重复维修,技术部支持更换新气缸盖。

更换新气缸盖后路试正常,故障排除。

4. 案例总结

❶ 故障出现时,了解车辆背景信息及维修记录。

在查询车辆维修记录后,向先前维修站索要了诊断报告,对比故障码。切中要害排查故障。

❷ 故障诊断第一步(验证故障现象)很重要。

接车后在店内短途路试未重现故障现象,路试急踩油门踏板便重现了故障。

第五章 发动机冷却系统

第一节 发动机冷却系统的组成与功用

视频精讲

1. 发动机冷却系统组成

发动机冷却系统有水冷和风冷之分,汽车发动机多采用水冷却系统。水冷却系统以水为冷却介质,它主要由散热器、水泵、节温器、冷却风扇、补偿水桶、发动机机体和气缸盖水套以及其他附属装置等组成(图 5-1-1)。

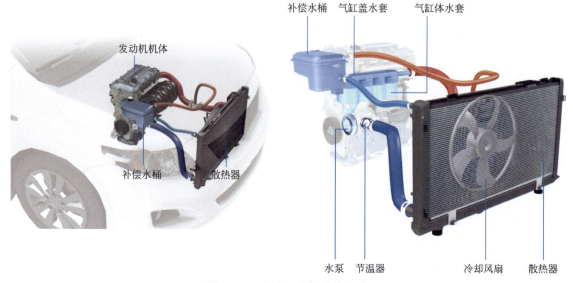

图 5-1-1 发动机冷却系统组成

2. 发动机冷却系统的功用

❶ 混合气在气缸中燃烧后所产生的大量热能，约有 70% 不能转为发动机的机械动能，且燃烧温度可达到 2600℃，这些热能约有一半随着废气排出发动机外，另一半则直接加在发动机机件上。

❷ 发动机必须保持一定的工作温度（为 80～90℃），各机件才能维持正常的膨胀及间隙，燃料及润滑系统也才能正常作用，因此必须装设冷却系统，使发动机迅速达到工作温度，并一直保持工作温度。

❸ 冷却不良会导致发动机过热，各机件过度膨胀而加速磨损，甚至咬死；但过度冷却时，会造成燃油消耗及发动机功率输出降低。

3. 冷却液的循环路线

汽车发动机冷却系统为强制循环水冷系统，即利用水泵提高冷却液的压力，强制冷却液在发动机中循环流动。冷却液的循环路径受节温器的控制，根据发动机工作温度由低到高的变化，冷却液的循环路径分为小循环和大循环。

❶ 所谓小循环，就是当冷却水或冷却液温度低于规定值（一般为 80℃左右）时，受节温器控制，循环的水或冷却液不经过散热器。即水或冷却液从缸盖水套流出，经节温器直接进入水泵进水口，再由水泵送入缸体和缸盖的水套。由于水或冷却液不经过散热器，可使发动机温度迅速升高（图 5-1-2）。

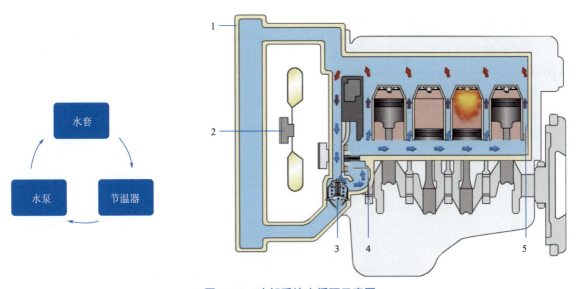

图 5-1-2　冷却系统小循环示意图
1—散热器；2—冷却风扇；3—节温器；4—水泵；5—水套

❷ 所谓大循环，就是当水或冷却液温度超过规定值（一般为 90℃左右）时，节温器主阀门开启，副阀门关闭，循环水或冷却液全部经过散热器。散热后的冷却水或冷却液在水泵的抽吸下回到缸体水套内，经缸体上平面上的水孔流入缸盖的水套中，然后从缸盖出水管再流入散热器，形成一个循环系统。由于水或冷却液流动线路长，冷却强度大，故称为大循环（图 5-1-3）。

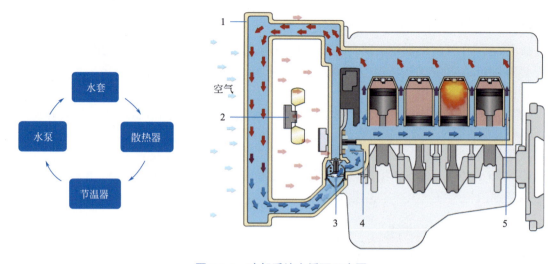

图 5-1-3 冷却系统大循环示意图

1—散热器；2—冷却风扇；3—节温器；4—水泵；5—水套

第二节　冷却水泵传动皮带的拆装

1. 拆卸冷却水泵传动皮带

所需要的专用工具和维修设备：扭矩扳手 VAG 1410、套筒扳手接头 T10360、固定支架 T10355。

❶ 脱开油压开关 2 上的电气连接插头 1（图 5-2-1）。

❷ 拆下油压开关。

❸ 拧出螺栓（箭头），取下齿形皮带护罩（图 5-2-1）。

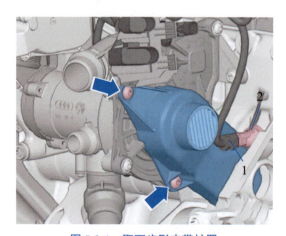

图 5-2-1　取下齿形皮带护罩

❹ 用固定支架 T10355 反向把持住减振器/曲轴皮带轮（图 5-2-2）。

第五章　发动机冷却系统

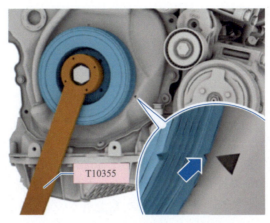

图 5-2-2　反向把持住减振器 / 曲轴皮带轮

冷却液泵驱动轮螺栓为左旋转螺纹。

❺ 用扭矩扳手 VAG 1410 和套筒扳手接头 T10360 松开冷却液泵驱动轮上的螺栓 1 并转动 3 圈旋出（图 5-2-3）。

❻ 取下齿形皮带 2。

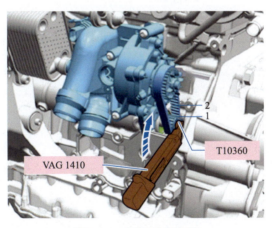

图 5-2-3　取下齿形皮带

2. 安装冷却水泵传动皮带

安装以倒序进行，同时必须注意下列事项。

❶ 更换传动轮螺栓。

❷ 驱动轮的安装位置：驱动轮上带环面的一侧指向变速箱。

❸ 放上齿形皮带，拧紧紧固螺栓。

❹ 加注冷却液。

视频精讲

第三节　冷却水泵维修

1. 概述

（1）离心式水泵结构

汽车发动机多采用离心式水泵，其安装在发电机下部。离心式水泵主要由水泵皮带轮、水泵轴、水泵轴承、水泵盖、密封组件、水泵叶轮等部件组成（图5-3-1）。

水泵一般由曲轴通过V带或带肋的V带传动；水泵壳体上铸有进、出水管，进水管与散热器出水管相连，出水管与水套相连。水泵叶轮上有6～8个径向直叶片或后弯叶片。

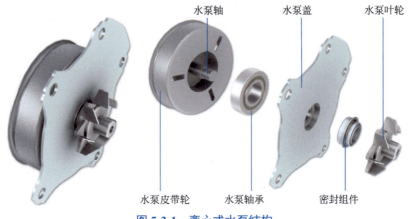

图5-3-1　离心式水泵结构

（2）离心式水泵的作用

离心式水泵对冷却液加压，将冷却液强制循环起来。

（3）离心式水泵工作原理

水泵叶轮旋转时，冷却液在离心力作用下被甩向叶轮边缘，叶轮边缘压力升高，冷却液被压送至出水管；同时在叶轮中心处压力降低，冷却液被从进水管吸入叶轮中心（图5-3-2）。

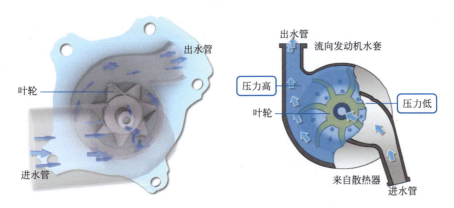

图5-3-2　离心式水泵工作原理

2. 拆卸冷却液水泵

所需要的专用工具和维修设备：扭矩扳手 VAG 1331

① 排出冷却液。
② 拆卸空气滤清器壳体。
③ 拆卸冷却液泵的齿形皮带。
④ 脱开连接插头 2～4，拧出紧固螺栓 1 并将支架置于一侧（图 5-3-3）。
⑤ 拧下螺栓 1～4 并将冷却液泵从发动机温度调节伺服元件 N493 上取下（图 5-3-4）。

视频精讲

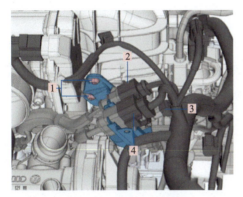

图 5-3-3　脱开连接插头

图 5-3-4　取下冷却液泵

3. 安装冷却液水泵

安装以倒序进行，同时要注意以下几点。

① 安装冷却液泵并装上齿形皮带。
② 注意中心定位（箭头）及密封件 1 的正确位置（图 5-3-5）。
③ 在挂上齿形皮带后拧紧螺栓。
④ 如果安装了一个新的冷却液泵 2，应拔下盖罩 1（图 5-3-6）。

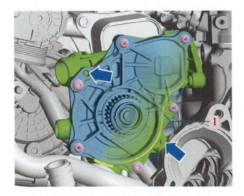

图 5-3-5　安装冷却液水泵

图 5-3-6　拔下盖罩

⑤ 加注冷却液。

第四节　散热器维修

1. 概述

（1）散热器结构

散热器安装在保险杠后方，主要由左储水室、右储水室、放水螺塞、散热器片、散热器芯等组成（图 5-4-1）。

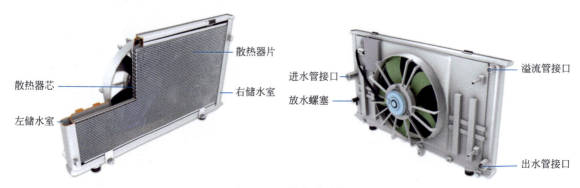

图 5-4-1　散热器结构

（2）散热器的作用

散热器通过增大散热面积将冷却液的热量由空气带走，加速冷却。

（3）散热器工作原理

冷却液在散热器芯内流动，空气从散热器芯外通过。热的冷却液由于向空气散热而变冷，冷空气则因为吸收冷却液散出的热量而升温。散热器通过加大冷却液与空气的接触面积，利用空气流动降低冷却液热量，达到散热效果（图 5-4-2）。

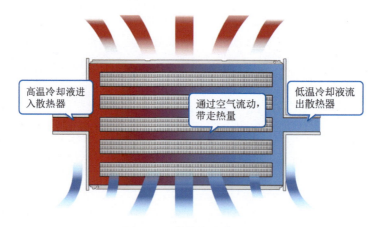

图 5-4-2　散热器工作原理

（4）补偿水桶结构

补偿水桶又名膨胀水箱（图 5-4-3），多用塑料制造并用软管与溢流管和补偿管相连接。它主要由补偿水桶盖、溢流管接口、补偿管接口、壳体等组成。在补偿水桶的外表面上刻有两条标记线："低"线和"高"线，补偿水桶内冷却液面应位于两条标记线之间。

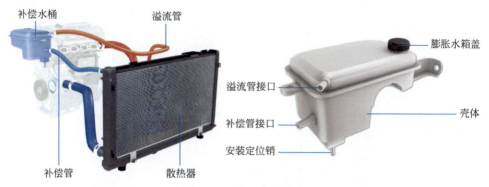

图 5-4-3　补偿水桶结构

（5）补偿水桶的作用

补偿水桶有溢流和补偿的作用。溢流，即当冷却液受热膨胀时，部分冷却液通过溢流管从散热器中流入补偿水桶；补偿，即当冷却液降温后，散热器内冷却液体积变小，补偿水桶内冷却液经补偿管被吸回散热器（图 5-4-4 和图 5-4-5）。补偿水桶还可消除水冷系统中的所有气泡。

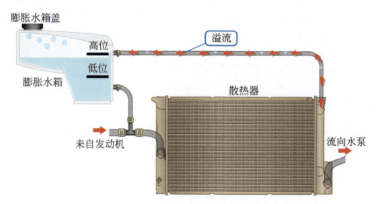

图 5-4-4　溢流的作用

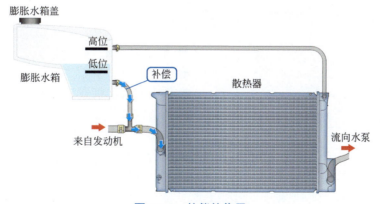

图 5-4-5　补偿的作用

（6）散热器盖工作原理

散热器盖严密地盖在散热器加注口上。发动机工作时，冷却液温度逐渐升高，容积膨胀使冷却系统内的压力增大。当压力超过预定值时，散热器盖压力阀开启，部分冷却液流入补偿水桶。发动机停机后，冷却液温度下降，水冷却系统内压力随之减小。当压力降到大气压力以下出现真空时，真空阀开启，部分冷却液被吸回散热器（图 5-4-6 和图 5-4-7）。

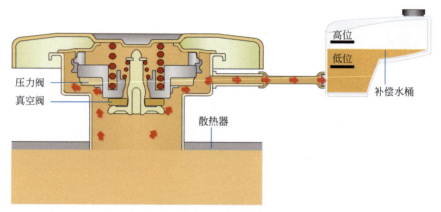

图 5-4-6　冷却液高温时

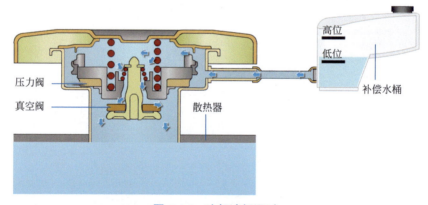

图 5-4-7　冷却液低温时

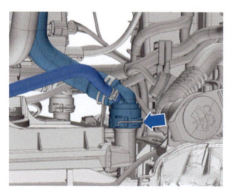

图 5-4-8　拆卸冷却液软管

2. 拆卸散热器

❶ 排空冷却液。

❷ 拆下风扇护罩。

❸ 拆下前保险杠盖板。

❹ 拆下空气管盖。

❺ 拔出固定夹（箭头），然后将冷却液软管（左上）从散热器上拔出（图 5-4-8）。

❻ 用斜口钳夹住散热器支座左右侧的卡扣（箭头），从上部将散热器略微推向发动机侧

(图 5-4-9）。

重新安装散热器时需再次使用散热器支座,此时用螺钉将其固定到锁支架上。

❼ 同时按下散热器左右侧的锁止卡（箭头），然后将散热器从增压空气冷却器拆下（图 5-4-10）。

❽ 固定增压空气冷却器。

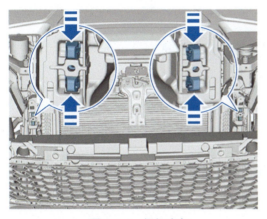

图 5-4-9　拆卸卡扣

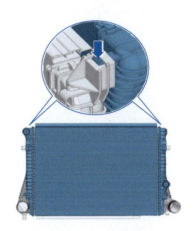

图 5-4-10　锁止卡

3. 安装散热器

安装大体以倒序进行，同时注意下列事项。

❶ 更换 O 形圈。

❷ 以一定角度将散热器插入下部增压空气冷却器支座，然后将散热器卡止在增压空气冷却器上，通过拉动确保正确卡止。

❸ 将增压空气冷却器连同散热器一起摆动到锁架中。确保散热器支座正确插进锁架中。用螺栓（箭头）将散热器支座（其卡扣已卡止）固定到锁架上（图 5-4-11）。

图 5-4-11　散热器支座

规定的扭矩:5N·m。
④ 安装前保险杠盖板。
⑤ 安装风扇护罩。
⑥ 用插入式接头将冷却液软管连接到散热器。
⑦ 补充冷却液。

 提示

若更换了散热器,则必须更换全部冷却液。

第五节　散热风扇维修

1. 概述

(1) 散热风扇结构

现代汽车已广泛使用散热风扇,散热风扇通常安装在散热器后方,它由电动机、风扇叶片、导风罩等组成。风扇的扇风量主要与风扇直径、转速、叶片形状、叶片安装角度及叶片数有关(图5-5-1)。

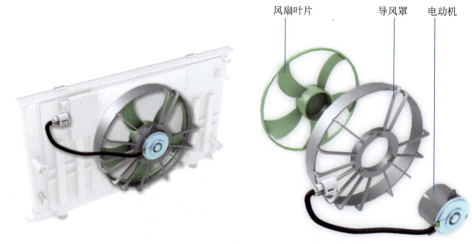

图5-5-1　散热风扇结构

(2) 散热风扇的作用

散热风扇的作用是增加流过散热器芯的空气量,增强散热器的散热能力。

(3) 散热风扇电动机结构

散热风扇电动机安装在散热风扇上,它由定子和转子两大部分组成(图5-5-2)。定子由机座、主磁极、换向极、端盖、轴承和电刷装置等组成。

（4）散热风扇电动机的作用

散热风扇电动机能将直流电能（由蓄电池提供）转换为风扇叶片转动的机械能（图 5-5-3）。

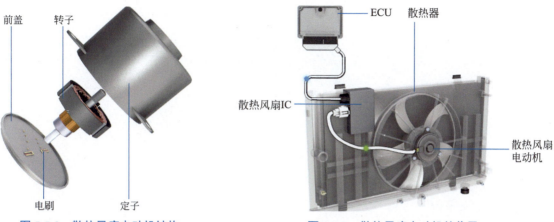

图 5-5-2　散热风扇电动机结构

图 5-5-3　散热风扇电动机的作用

（5）散热风扇电动机工作原理

当散热风扇 IC（集成电路调节器）通过电刷在线圈中形成电流流动时，会产生电磁力，线圈在电磁力作用下产生旋转运动，实现了将电能转换为机械能（图 5-5-4）。

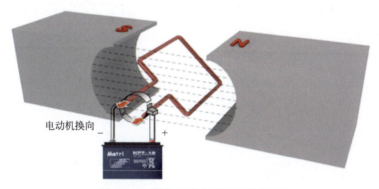

图 5-5-4　散热风扇电动机工作原理

2. 拆卸和安装散热风扇

在安装时将所有电缆扎带重新固定到同一部位。

（1）拆卸

❶ 拆卸风扇护罩。
❷ 脱开电气连接插头的固定卡（箭头）（图 5-5-5）。

❸ 拧出螺栓 1，取下散热器风扇 V7。

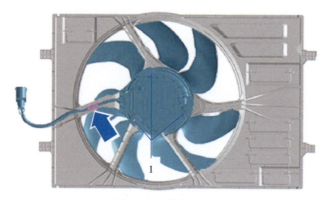

图 5-5-5　散热风扇

（2）安装
安装以倒序进行。

第六节　节温器简介

1. 蜡式节温器结构

蜡式节温器主要由主阀门、副阀门、蜡管、推杆、支架、弹簧等组成（图 5-6-1）。节温器有两种常见布置形式：第一种布置在发动机的出水管路中；第二种布置在散热器的出水管路中。

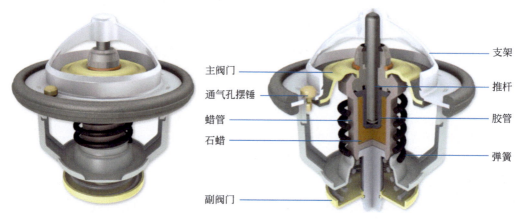

图 5-6-1　蜡式节温器结构

2. 蜡式节温器的作用

随发动机水温的高低，自动控制冷却液通往散热器的流量和大小循环路线。

3. 蜡式节温器工作原理

蜡式节温器是控制冷却液流动路径的阀门，它根据冷却液温度的高低，打开或关闭冷却液通向散热器的通道。以丰田卡罗拉轿车为例，蜡式节温器特性如下。

❶ 当冷却液温度低于84℃时，节温器主阀门关闭，副阀门开启，冷却液进行小循环（图5-6-2）。

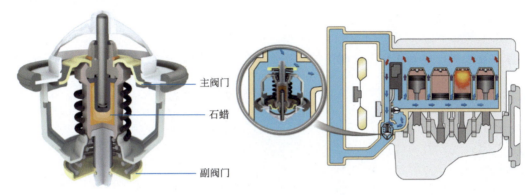

图 5-6-2　蜡式节温器状态（小循环）

❷ 当冷却液的温度处于84～95℃之间时，石蜡受热膨胀使主阀门部分开启，副阀门部分关闭，冷却液进行混合循环（图5-6-3）。

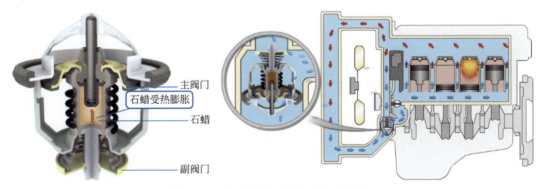

图 5-6-3　蜡式节温器状态（混合循环）

❸ 当冷却液温度达到95℃以上时，石蜡膨胀量增大，主阀门全开，副阀门全关，冷却液进行大循环（图5-6-4）。

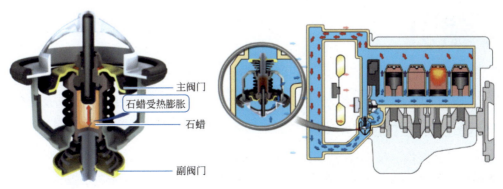

图 5-6-4　蜡式节温器状态（大循环）

第七节　冷却系统的检测

1. 检测冷却系统的密封性

所需要的专用工具和维修设备：冷却系统检测仪的转接头 VAG 1274/8、VAG 1274/9 以及冷却系统检测仪 VAG 1274B。

工作步骤如下。

❶ 在发动机已达到工作温度时，打开冷却液膨胀罐的加注密封盖（箭头）（图 5-7-1）。

视频精讲

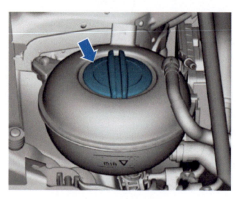

图 5-7-1　冷却液膨胀罐

> **小心**
>
> 在发动机处于暖机状态时，冷却系统中存在过压，有被高温蒸汽和高温冷却液烫伤的危险（可能会烫伤手和身体其他部位），应戴上防护手套和防护眼镜。

消除过压：将冷却液膨胀罐的密封盖用抹布盖住并小心地打开。

❷ 将冷却系统检测仪 VAG 1274B 和转接头 VAG 1274/8 安装到冷却液膨胀罐上（图 5-7-2）。

❸ 用冷却系统检测仪的手动泵产生约 1.5bar（1bar=10^5Pa，下同）的过压。

不允许压力在 10min 内下降 0.2bar 以上。

如果压力下降 0.2min 以上，则查明泄漏部位并排除故障。

压力在 10min 内下降 0.2bar 以上是由于受冷却液降温的影响。发动机越凉，压降幅度越小。如有必要，在发动机冷态下重复检查。

2. 检查密封盖中的安全阀

❶ 将冷却系统检测仪 VAG 1274B 用转接头 VAG 1274/9 安装到封盖上（图 5-7-3）。

❷ 用冷却系统检测仪的手动泵产生超压。当过压达到 1.6～1.8bar 时，安全阀必须打开。

❸ 如果安全阀没有打开，则更换密封盖。

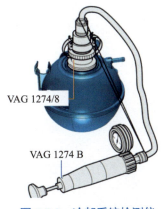

图 5-7-2　冷却系统检测仪

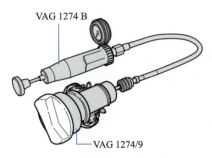

图 5-7-3　检查密封盖中的安全阀

第八节　发动机冷却系统常见故障案例分析

案例一：　发动机水温高故障分析

1. 车型信息

车型：F18。
发动机：N20。
行驶里程：87557km。

2. 故障现象

车辆抛锚，拖车进厂。客户反映，昨天晚上提示冷却液温度过低，今天上午行驶 3km，车辆提示发动机温度高温。

3. 故障诊断与排除

（1）故障分析

根据维修经验，导致发动机温度过高的因素如下。
❶ 冷却系统漏水，冷却液缺少。
❷ 水泵、散热风扇、节温器、DME 电气故障。
❸ 水箱、水管、缸体内部水道脏堵。
❹ 线路故障。

（2）故障诊断

❶ ISTA 诊断，有故障；DME，局域网通信故障。

❷ 执行 ABL，要求依次断开 LIN 线上的部件，包括发电机、机油油位传感器、IBS 和水泵。

❸ 当拔掉水泵插头时，故障显示当前不存在，根据 ABL 提示，水泵存在 LIN 通信故障。

❹ 拆检水泵，发现水泵内部渗水，插头插针已锈蚀（图 5-8-1）。

❺ 更换水泵，排气，试车，故障依旧。

❻ 急速着车约 20min，水温 118℃，显示屏上又显示发动机温度过高。

❼ 进行电脑诊断，没记录任何故障码。调取相关 DME 数据，可看出节温器能正常打开，散热风扇能正常工作，怀疑是气没排好导致温度过高。

❽ 连上充电器，反复执行排气程序，辅水壶内的冷却液少了约 1L，到此，感觉是气没排好导致的温度过高。

❾ 等排气排到冷却液不再下降后试车，这次大概 30min 后，冷却液温度为 118℃，车上又报发动机温度过高。

❿ 用电脑再次检测，还是没有故障码，需要继续查找原因（图 5-8-2）。

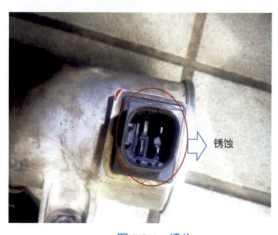

图 5-8-1　插头

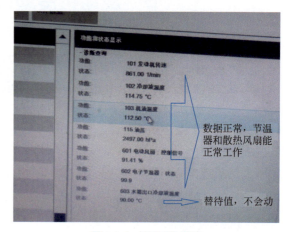

图 5-8-2　读取数据流

⓫ 该车前部出过事故，在外面修理厂维修的，散热水箱、节温器、散热风扇以及水泵均不是原厂件，是不是零件有问题？

⓬ 拆检散热水箱，有轻微变形，但管子三通均无异常（图 5-8-3），散热水箱不会导致温度过高温。

⓭ 发动机温度过高时，用手感觉散热水箱上下水管温差特别大，难道是节温器有问题？由于电脑没记录故障，且正常车辆节温器插头不插也不会导致温度过高，所以一直没怀疑它。

⓮ 带着疑问拆检节温器，发现问题：节温器内热原件推杆的焊点与壳体脱开，导致无法打开大循环，进而导致温度过高。

⓯ 正常的节温器，热原件膨胀推杆会克服弹簧阻力关闭小循环，打开大循环，进而实现冷却。从 DME 内读取的 99% 的开度是加热棒的温度反馈的。而实际上，由于焊点脱开，使得小循环一直处于打开状态。

⓰ 更换节温器，试车，故障排除（图 5-8-4）。

第五章　发动机冷却系统

图 5-8-3　散热水箱

图 5-8-4　节温器

4. 案例总结

❶ 需要暖机时开小循环，需要散热时开大循环。

❷ 正常的节温器插头加热是为了在较低的温度下实现大循环，插头不插一般不会导致温度过高。

案例二：　水温表指针忽上忽下故障分析

1. 车辆信息

奥迪 A6L 轿车，故障里程：45987km。

2. 故障现象

水温表指针忽上忽下。

3. 故障分析

❶ 用电脑检测发动机，报水温信号低于下限故障，读取水温信号：测量值显示 -40℃，更换水温传感器后试车，故障未在出现，交车出厂，下午车主又回来了，故障依旧。

❷ 将车辆开到车间，准备测量线路，发现在搬动发动机电脑板时水温表的指针就会上下摆动，怀疑是水温传感器在电脑板上的针脚松动，进一步拆检发现 G62 在电脑板上的针脚确实松动了。

4. 解决措施

更换针脚，试车，故障未再出现。

95

第六章 发动机润滑系统

第一节 发动机润滑系统的组成与功用

1. 发动机润滑系统组成

发动机润滑系统主要由机油滤清器、机油泵、油底壳、机油喷嘴、油路等组成（图 6-1-1）。

图 6-1-1　发动机润滑系统组成

2. 发动机润滑系统的作用

发动机润滑系统的作用是当发动机工作时连续不断地把足够数量的洁净润滑油（机油）输送到传动件摩擦表面，机油在摩擦表面形成油膜，从而减小摩擦阻力，降低功率消耗，减轻部件磨损，从而提高发动机工作可靠性和使用寿命（图 6-1-2）。

第六章　发动机润滑系统

图 6-1-2　发动机润滑系统的作用

3. 发动机润滑系统工作原理

发动机工作时，机油从油底壳中被机油泵通过集滤器吸入机油滤清器中。从机油滤清器中过滤后的机油经主油道分三路输送到发动机的各部件。第一路经曲轴主轴颈、连杆轴颈最终回到油底壳；第二路经机油喷嘴最终回到油底壳；第三路经气缸盖，同时渗入 VVTi、气门挺柱、凸轮轴轴承等部件，最终回到油底壳。润滑系统反复循环，始终不间断地把洁净的机油送到发动机的传动件摩擦表面（图 6-1-3 和图 6-1-4）。

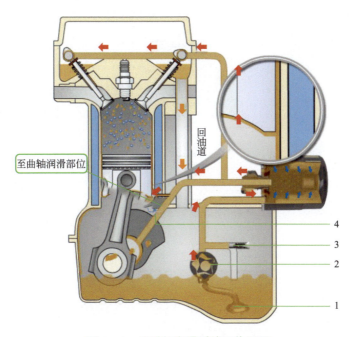

图 6-1-3　发动机润滑系统工作原理

1—集滤器；2—机油泵；3—限压阀；4—机油喷嘴

97

图 6-1-4 润滑系统工作原理示意图

第二节 机油滤清器维修

1. 概述

（1）机油滤清器结构

机油滤清器安装在正时链条盖下部，主要由上盖、壳体、滤芯、内孔管、安全阀等组成（图 6-2-1）。

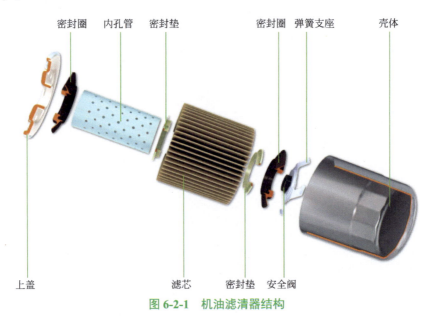

图 6-2-1 机油滤清器结构

（2）机油滤清器的作用及工作原理

机油滤清器的作用是滤除机油中的杂物、胶油和水分，向各润滑部件输送洁净的机油。当带有杂质的机油从纸滤芯的外围进入滤清器中心时，杂质被过滤在滤芯上，当滤芯严重堵塞时，旁通阀开启，机油不经过滤芯过滤直接进入主油道，防止机油断供现象的发生（图 6-2-2 和图 6-2-3）。

第六章　发动机润滑系统

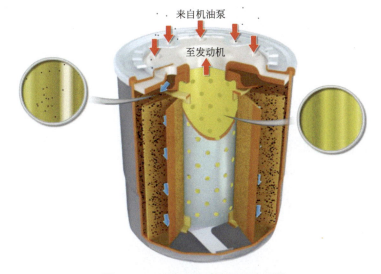

图 6-2-2　正常过滤时的机油滤清器

视频精讲

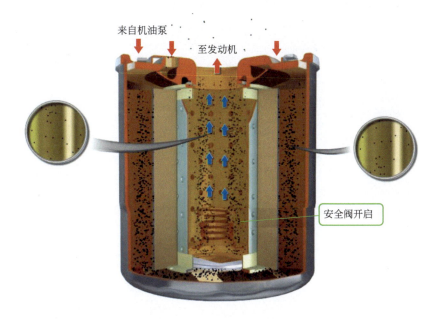

图 6-2-3　滤芯堵塞时的机油滤清器

2. 拆卸机油滤清器

所需要的专用工具和维修设备：旧机油收集和排放设备 VAS 6622、机油擦抹布 VAS 6204/1。

❶ 用旧机油收集和排放设备 VAS 6622 抽出发动机机油。
❷ 拆卸发动机罩。
❸ 用开口宽度 32mm 的套管松开机油滤清器壳体（箭头）（图 6-2-4）。

99

❹ 等待几分钟，以使发动机机油可以从机油滤清器壳体中回流到油底壳。
❺ 拆卸整个机油滤清器壳体。

注意发动机机油不得滴到发动机上，必要时使用抹布清洁。

3. 安装机油滤清器滤芯

❶ 拔出滤清器元件 3（图 6-2-5）。
❷ 用发动机机油浸润机油滤清器壳体 1 上的 O 形圈 2 并装入凹槽中。
❸ 更换滤清器元件 3。

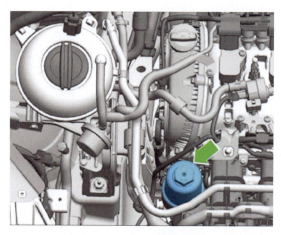

图 6-2-4　机油滤清器壳体

图 6-2-5　滤清器元件

❹ 用开口宽度 32mm 的套管以适当的拧紧力矩拧紧机油滤清器壳体，力矩为 25N·m。

第三节　机油泵维修

视频精讲

1. 概述

（1）机油泵的作用

机油泵的作用是保证机油在润滑系统内循环流动，并在发动机任何转速下都能以足够高的压力向润滑部位输送足够数量的机油。

（2）机油泵类型

机油泵可分为齿轮式机油泵和转子式机油泵（图 6-3-1），以下介绍转子式机油泵的拆装。

（3）转子式机油泵结构

转子式机油泵主要由内转子、外转子、壳体、机油泵盖、限压阀等零件组成（图 6-3-2）。

第六章　发动机润滑系统

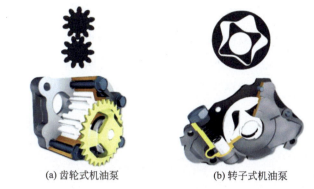

(a) 齿轮式机油泵　　　　(b) 转子式机油泵

图 6-3-1　机油泵类型

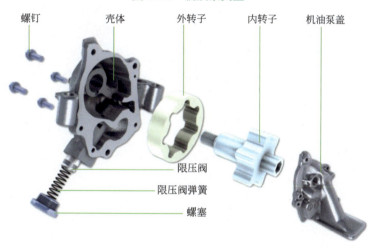

图 6-3-2　转子式机油泵结构

（4）转子式机油泵工作原理

转子式机油泵的内转子带动外转子转动，且转速快于外转子。内外转子之间形成四个互相封闭的工作腔，每个工作腔在最小时与壳体上的进油孔接通，随后容积变大，形成真空，吸入机油；转子继续转动，工作腔容积变小，油压升高，当工作腔与出油孔接通时，压出机油（图 6-3-3）。

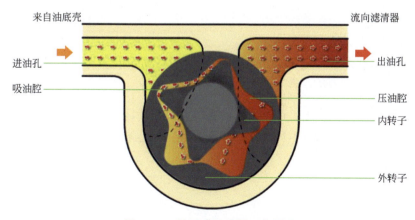

图 6-3-3　转子式机油泵工作原理

101

（5）机油泵限压阀工作原理

机油泵限压阀用于限制润滑系统中机油的最高压力。当机油泵与主油道上的机油压力超过预定的压力时，机油压力克服限压阀弹簧作用力，顶开阀门，一部分机油从侧面通道流入油底壳内，使油道内的油压下降至设定的正常值（图6-3-4和图6-3-5）。

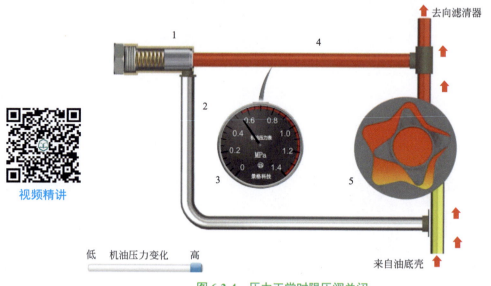

图 6-3-4　压力正常时限压阀关闭

1—限压阀；2—回油道；3—机油压力表；4—主油道；5—机油泵

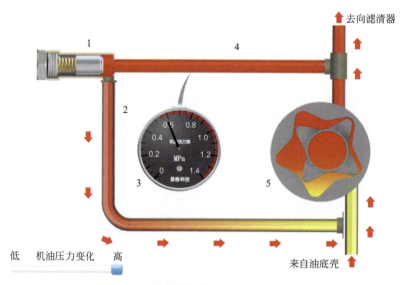

图 6-3-5　压力超标时机油压力顶开阀门

1—限压阀；2—回油道；3—机油压力表；4—主油道；5—机油泵

2. 拆卸机油泵

❶ 拆下油底壳下部件。
❷ 拧下螺栓1，拆下机油防溅板2（图6-3-6）。

❸ 用装配工具 T10118 拉动链条张紧装置的弹簧。
❹ 然后将锁销 T40265 的锁芯插入链条张紧装置的孔中，将其锁止。
❺ 拧下螺栓（箭头），然后拆下机油泵（图 6-3-7）。

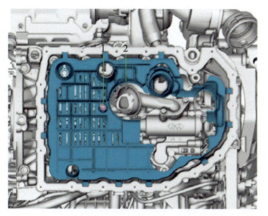

图 6-3-6　机油防溅板

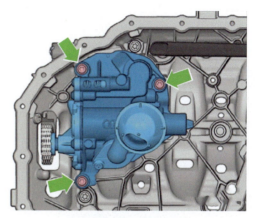

图 6-3-7　机油泵

3. 安装机油泵

安装大体以倒序进行，同时注意下列事项。
❶ 确认用于机油泵定心的两个定心套均已完好。
❷ 安装机油泵前，检查吸油管中的滤网和油底壳上部中的回油孔是否有脏污。
❸ 将机油泵链轮引导到传动链中，然后安装机油泵。

必须执行以下作业步骤，以确保链条张紧装置的弹簧弹回到安装位置。
❶ 用装配工具 T10118 沿箭头方向拉动链条张紧装置的弹簧。
❷ 取下锁销 T40265（图 6-3-8），检查弹簧是否回到安装位置。
❸ 安装新的机油防溅板，并拧紧螺栓。
❹ 安装油底壳下部。
❺ 重新加注发动机机油并检查油位。

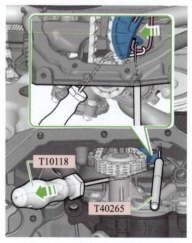

图 6-3-8　取下锁销 T40265

第四节　机油泵零部件与齿轮式机油泵

1. 润滑系统的润滑方式

润滑系统的润滑方式可分为飞溅润滑和压力润滑（图 6-4-1）。
❶ 飞溅润滑是指利用某些运动零件工作时从油底壳带起来的油滴对零件表面进行润滑的方式，如气缸壁表面的润滑等。

❷ 压力润滑是指用机油泵将一定的润滑油源源不断地送到零件相互摩擦面的润滑方式，如凸轮轴轴承、曲轴轴承的润滑等。

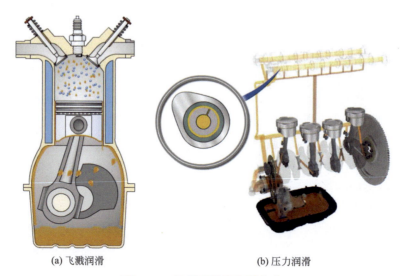

(a) 飞溅润滑　　(b) 压力润滑

图 6-4-1　润滑系统的润滑方式

2. 机油喷嘴

（1）机油喷嘴的结构

机油喷嘴主要由安装架、油道、喷油孔等组成（图 6-4-2）。

（2）机油喷嘴的作用

机油喷嘴的作用是向气缸内喷射机油，对缸体进行冷却（图 6-4-3）。

图 6-4-2　机油喷嘴结构

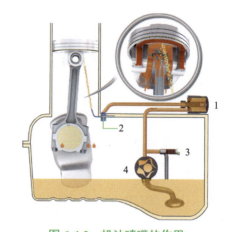

图 6-4-3　机油喷嘴的作用

1—机油滤清器；2—机油喷嘴；3—限压阀；4—机油泵

3. 机油冷却装置

机油冷却装置主要有风冷式和水冷式两种（图 6-4-4）。

风冷式机油冷却装置采用横流式结构，布置在冷却液散热器前，利用风扇风力使机油冷却。

水冷式机油冷却装置布置于冷却液水路中，冷却液在芯管中流动，机油在管外流动，利用冷却液的温度来控制机油的温度。

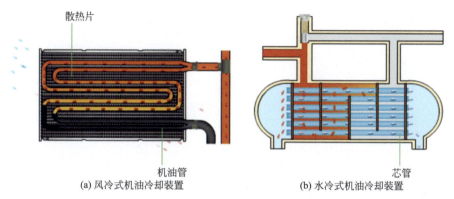

图 6-4-4　机油冷却装置分类

4. 集滤器

（1）集滤器结构

集滤器是具有金属滤网的滤清器，主要由上壳体、滤网和防护罩等组成（图 6-4-5）。

（2）集滤器工作原理

集滤器利用金属滤网过滤机油中较大颗粒的杂质，防止其进入机油泵（图 6-4-6）。

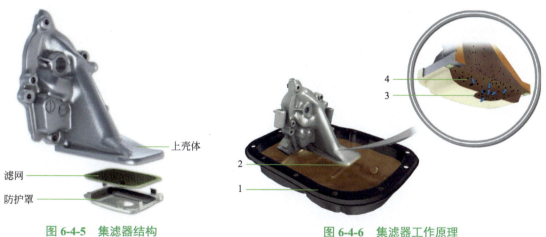

图 6-4-5　集滤器结构　　　　图 6-4-6　集滤器工作原理

1—油底壳；2—集滤器；3—进油孔；4—金属滤网

5. 齿轮式机油泵

（1）齿轮式机油泵结构

齿轮式机油泵主要由机油泵链轮、前盖、轴承、定位销、齿轮组、机油泵壳和后盖等组

105

成（图6-4-7）。

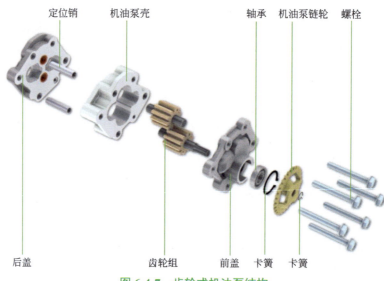

图 6-4-7 齿轮式机油泵结构

（2）齿轮式机油泵工作原理

主动齿轮带动从动齿轮旋转时，进油腔容积由于轮齿脱离啮合而增大，腔内形成一定的真空，机油从进油口吸入；旋转的齿轮将齿间的机油带到出油腔，出油腔容积由于轮齿进入啮合而减小，油压升高，机油经出油口压出（图6-4-8）。

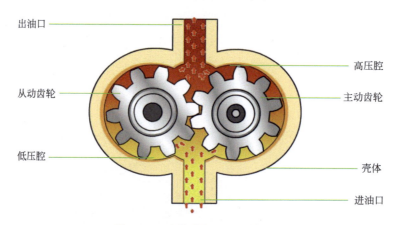

图 6-4-8 齿轮式机油泵工作原理

第五节　润滑系统的检测

1. 检查发动机机油压力

所需要的专用工具和维修设备：机油压力测试仪 VAG 1342、测量辅助工具套件 VAG

1594C、连接扳手 T40175（24mm）、车辆诊断测试器。

（1）检测的前提条件

❶ 发动机机油液位正常，参照保养手册进行检查。
❷ 发动机机油温度至少为 80℃（冷却液风扇必须运转过）。

① 机油泵机油压力两级可调，需要对机油压力依次进行检查。
② 发动机在初始磨合期或者在紧急状态下，其机油泵只会在高油压状态下运行。
③ 机油压力与机油压力开关关系密切。发动机机油温度在 80℃时一般能够测得平均水平的机油压力数值。

（2）检测步骤

一旦旋松油压开关，需每次进行更换。

❶ 把抹布放在组合支架下面，以接收溢出的发动机机油。
❷ 拆卸机油压力降低开关 F378。
❸ 将机油压力测试仪 VAG 1342 代替机油压力降低开关 F378 旋入组合支架中（图 6-5-1）。
❹ 将旋出的机油压力降低开关 F378 旋入机油压力测试仪 VAG 1342 中。
❺ 启动发动机。
发动机怠速运转时机油压力：0.85～1.6bar（1bar=10^5Pa，下同）。
发动机转速达到 2000r/min 时机油压力：1.2～1.6bar。
发动机转速达到 3700r/min 时机油压力：1.2～1.6bar。
❻ 关闭发动机。
❼ 拆卸发动机舱底部隔音板。
❽ 拔下机油压力调节阀 N428 的插头 1（图 6-5-2）。

图 6-5-1 机油压力测试仪

注意应将拔掉的插头放置在安全位置，防止与皮带产生接触。拔下插头后机油泵将以高压状态工作。

❾ 启动发动机，检查不同转速下的机油压力。
发动机怠速运转时机油压力：0.85～4.0bar。
发动机转速达到 2000r/min 时机油压力：2.0～4.0bar。
发动机转速达到 3700r/min 时机油压力：3.0～4.0bar。

⑩ 安装新的机油压力降低开关 F378。
⑪ 插入机油压力调节阀 N428 的插头 1（图 6-5-2）。
⑫ 安装发动机机舱底部隔音板。
⑬ 用诊断仪清除故障码。
如果未达到规定压力范围，则采取以下措施。
❶ 检查吸油管路中的滤网是否有污染物。
❷ 检查机油压力调节阀 N428。
❸ 连接车辆诊断测试器。

 提示

轴承损坏等机械损坏也可能是引起机油压力太低的原因。

2. 检查活塞冷却喷嘴机油压力

所需要的专用工具和维修设备：机油压力测试仪 VAG 1342、测试线（2 针 +3 针）VAS 5571、连接扳手 T40175（24mm）、车辆诊断测试器。

（1）检测的前提条件
❶ 发动机机油液位正常。
❷ 发动机机油温度至少 80℃（冷却液风扇必须运转过）。

图 6-5-2　机油压力调节阀 N428

图 6-5-3　活塞冷却喷嘴控制阀 N522

（2）检测步骤

 提示

一旦旋松油压开关，需每次进行更换。
❶ 把抹布放在水泵侧，以接收溢出的发动机机油。
❷ 拆卸油压开关。
❸ 在油压开关位置旋入机油压力测试仪 VAG 1342。
❹ 将油压开关旋入机油压力测试仪 VAG 1342 中。
❺ 拔下活塞冷却喷嘴控制阀 N522 的插头，并将活塞冷却喷嘴控制阀 N522 和插头分别

与测试线（2针+3针）VAS 5571连接（图6-5-3）。

连接测试线（2针+3针）VAS 5571是为避免在后续操纵中有人员受伤的危险。安装所有进气管及空滤后，才能启动发动机。

❻ 启动发动机并怠速运行，断开活塞冷却喷嘴控制阀N522的插头，此时机油压力测试仪VAG 1342显示的油压数据有明显向上的波动压力。

发动机在怠速运行时，通向活塞冷却喷嘴的油道处于关闭状态。当活塞冷却喷嘴控制阀N522的插头拔掉之后，通向活塞冷却喷嘴的油道处于打开状态。如果在实际的测试过程中发现按照上述步骤油压显示没有发生变化，则表明活塞冷却喷嘴控制阀N522已经损坏。

第六节　发动机润滑系统常见故障案例分析

发动机正常的机油压力，是保证发动机各摩擦件得以充分、良好润滑的前提和必要条件。一旦发现机油压力过低，应停车查找其原因并排除之后方可行车。否则极易造成因发动机机油压力过低而出现曲轴瓦烧熔导致"抱轴"，较严重时可能使发动机因此而报废。

1. 机油压力始终过低

机油压力传感器通常安装在主油道中，如果机油压力表和机油压力传感器正常，而机油压力表指示压力过低，可根据润滑系统的组成和油路对故障可能原因进行分析。

如果将油路按油流方向以机油压力传感器为界分成前、后两部分，导致机油压力过低的原因则可分成两方面。

❶ 机油压力传感器前的油路不畅（如滤清器堵塞）或供油不足（如机油量不足）。
❷ 机油压力传感器后的油路泄油过快（如曲轴轴承间隙过大、不同发动机的润滑系统组成和油路有一定的差别等）。

a. 机油压力表失灵或通向压力表油路堵塞。

分别松开油管与油压表连接（另一端与主油道连接）的螺母或螺栓，观察到机油冒出的压力较大，则说明压力表有故障，或通往油压表的油管堵塞。

b. 机油容量不足、机油变质或机油中有水。

定期检查油底壳储油的机油尺刻度，按规定加足机油；检查活塞环与缸套的配合情况，若磨损严重，应加以修理。

c. 机油牌号不对，黏度小，使机油过稀。

更换新的符合规格的机油。

d. 柴油机长期超负荷工作，使机油温度过高而变稀。

减小柴油机负荷，不允许长期超负荷工作。

e. 机油集滤器堵塞，使机油吸入量减少而压力过低。

清洗机油集滤器。

f. 机油过脏、使用时间过长而变质等，使吸油盘的滤网或油道堵塞。

应更换新的机油，并清洗滤网和油道。

g. 机油泵磨损后，使机油泵内漏增大，则泵油量减少，或者是机油泵纸垫损坏而渗漏机油。

可通过减少机油泵端盖垫片厚度的方法来补偿。若泵油量仍不足，应修理或更换磨损零件及损坏的垫片。

h. 限压阀的弹簧过软、阀门磨损过甚。

若阀门磨损正常，原因可能是弹簧的弹力不足。可拆下弹簧，在试验台上检验，一般不允许随意调整。限压阀钢球与阀座磨损，导致封闭不严、漏油，使密封性能丧失。阀座磨损较轻时，可用气门砂研磨斜面。对于球形阀，也可以用钢球放在阀座上用铜棒顶住，轻击数次使两者密合。

i. 吸油盘至机油泵的油路装配不严密而漏气，如吸油管空心螺栓拧得不紧等。

重新安装，消除漏气故障。

j. 主轴承、连杆轴承、凸轮轴及轴套等润滑部位磨损，间隙增大，润滑油渗漏过多。

修理和更换新件，恢复零配件的配合关系，使其间隙在正常范围内。

k. 转子式机油泵外转子装反，使泵油量减少。

需重新正确安装。

l. 机油滤清器堵塞，此时，安全阀开启压力又高，使机油在滤清器前的压力增高，迫使机油泵内漏增加，主油道油量减少，致使机油压力下降。

要定期清洗机油滤清器滤芯，排除堵塞故障。在机油泵试验台上，重新调整安全阀的开启压力。在装回滤芯时，一定要注意毡垫的数量与位置，安装准确。此外，在发动机工作中，如果机油压力始终过低，且有曲轴主轴承异响、连杆轴承异响或凸轮轴轴承异响等现象，应对上述产生异响的轴承间隙进行检查。据试验证明，曲轴主轴承间隙每增大 0.01mm，机油压力就会降低 0.01MPa。

2. 机油压力突然降低

机油压力突然降低的故障一般是机油严重泄漏，如机油道丝堵失落、机油道破裂等，都会使机油大量泄漏，发动机工作中反映出来的机油压力就会很低。

另外就是机油泵损坏，如机油泵的齿轮与泵壳之间、泵轴与轴承之间的严重磨损，或泵轴断裂调压装置失效等原因，使机油泵不能建立起正常的工作压力；还可能是与机油泵连接的管路接头松动或有裂纹、机油集滤器堵塞等，导致机油泵无法建立起正常的工作压力，因而使发动机的机油压力偏低，甚至无压力。

发生此种情况后，应立即使发动机熄火，以免造成严重的机械事故。然后拆下发动机油底壳，重点检查泄漏部位和机油泵。

3. 刚启动时压力正常，运转一段时间后机油压力迅速降低

诊断这类故障，可通过分析发动机润滑系统发生的变化，来确定可能的故障原因。发动机刚启动时，由于启动前大部分机油流回油底壳，所以油底壳内油量比较充足。而运转一段

时间后，由于部分机油被泵入油道进行循环，所以油底壳内的油量减少。

此外，刚启动时机油温度较低，而运转一段时间后，机油温度随发动机温度升高而升高。而温度对润滑系统的影响主要是机油黏度，随温度升高机油黏度下降。如果机油黏度过低，在各轴承间隙一定时，对机油的节流作用变弱，机油压力也会降低。

由上述分析可知，发动机刚启动时机油压力正常，而运转一段时间后机油压力又迅速下降的可能原因是机油量不足或机油黏度过低。发生此故障，可先抽出机油尺检查机油量，如果机油量充足，则可确定是机油黏度过低，应更换机油。

> **注意**
>
> 如果因冷却液或燃油进入油底壳稀释机油，导致其黏度降低，应查明漏水或漏油的原因，故障排除后再更换新的机油。

4. 机油压力过高

在使用中，若机油压力表指示压力长时间高于正常标准，即为机油压力过高。

机油压力过高并非是好事，不仅使机油泵负荷增加，而且可使安全阀常开，机油未经粗滤器过滤就直接送往摩擦表面，加剧摩擦副的磨损；若安全阀卡滞，还会冲坏粗滤器滤芯，并引起主油道被滤芯碎片堵塞。

按机油压力始终过低故障的分析思路，如果机油压力表和机油压力传感器正常，机油压力传感器前给主油道供油过多（如限压阀故障）或机油压力传感器后油路不畅（如油路堵塞），均会导致机油压力过高。可能的原因有限压阀故障、传感器之后的油道堵塞、轴承间隙过小、机油黏度过大、机油压力表或机油压力传感器损坏等。对于新装配的发动机，如出现机油压力过高，应重点检查曲轴主轴承、连杆轴承、凸轮轴轴承的配合间隙。

点火开关打开但不启动发动机时，机油压力表指针不回位，应重点检查机油压力表和机油压力传感器。

5. 机油压力忽高忽低

当发动机怠速运转时油压正常，中、高速运转时，机油压力波动（油压表指针在 0～0.6MPa 之间来回摆动或颤动），其主要原因如下。

❶ 机油泵有故障（如齿轮过度磨损或固定螺栓脱落），机油泵吸入空气。当发动机中、高速运转时，机油泵吸力增大，空气从机油管路密封不严处进入，由于空气具有可压缩性，从而造成油压波动（进气严重时无油压）。

❷ 调节阀或回油阀弹簧受异物卡滞，或弹簧弯曲与座孔碰擦，使弹簧运动受阻，球阀的打开和关闭都显得比较困难。当主油道内油压升高、球阀打开时，主油道内卸压，但因弹簧的阻滞作用，直至油压降至很低甚至接近于零时球阀才关闭，接着主油道内油压又上升，球阀又打开，如此循环往复，造成机油压力大幅度波动。

❸ 油底壳机油短缺，油平面位于集滤器吸油口的极限位置上，或机油管内有杂质但未完全堵塞，使油泵吸油时有时无，造成机油压力忽高忽低。

❹ 限压阀装配不当，使油流阻力不稳定，或机油压力表损坏，造成机油压力忽高忽低。

第七章 汽油发动机燃油供给系统

第一节　汽油发动机燃油供给系统的作用与组成

1. 汽油机燃油供给系统的作用

❶ 根据发动机各工况的不同要求,准确配置合适的空气与燃油的混合比。
❷ 为汽车储存可以行驶一定里程的汽油。
❸ 将燃烧做功后的废气排出。

2. 汽油机燃油供给系统组成

汽油机燃料供给系统主要由燃油箱、电动燃油泵、燃油滤清器、燃油分配管、油压调节器、喷油器和输油管等组成,有的还设有油压脉动缓冲器(图7-1-1)。

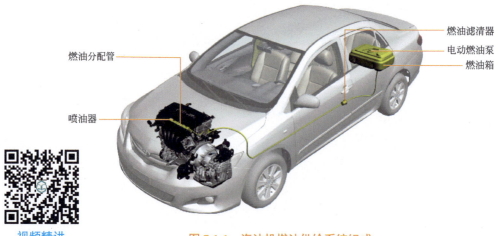

视频精讲　　图7-1-1　汽油机燃油供给系统组成

3. 汽油机燃料供给系统类型

汽车发动机燃油供给系统按照控制方式不同,可以分为两种类型:一种是化油器式燃料供给系统;另一种是汽油喷射式燃料供给系统。化油器式燃料供给系统在汽油机传统供给系统中还有少量应用,而汽油喷射式燃料供给系统在汽油机上被普遍使用。

❶ 化油器式汽油机燃油供给系统如图 7-1-2 所示。

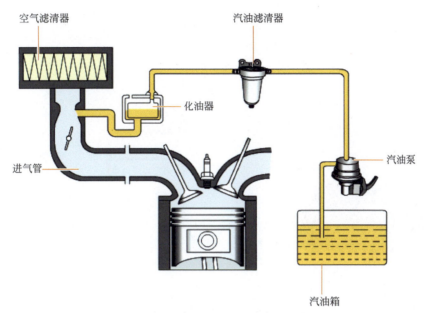

图 7-1-2　化油器式汽油机燃油供给系统

❷ 汽油喷射式燃料供给系统如图 7-1-3 所示。

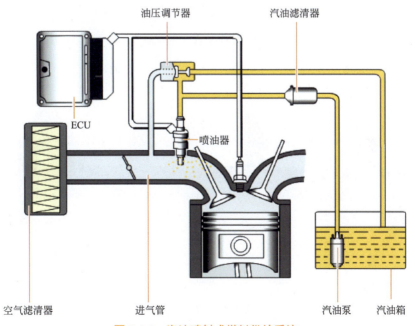

图 7-1-3　汽油喷射式燃料供给系统

4. 汽油机燃油供给系统工作原理

电动燃油泵将燃油箱中的燃油泵入燃油滤清器。燃油滤清器对流过的燃油进行过滤，过滤后的燃油进入燃油分配管，在压力调节器的作用下，燃油分配管中的燃油压力维持在规定范围内。燃油分配管将燃油分配给各缸喷油器。喷油器根据电控单元的指令将燃油适时地喷入进气管中。当油路中油压升高时，油压调节器自动调节，将多余燃油返回油箱，从而保持送给喷油器的燃油压力基本不变（图 7-1-4）。

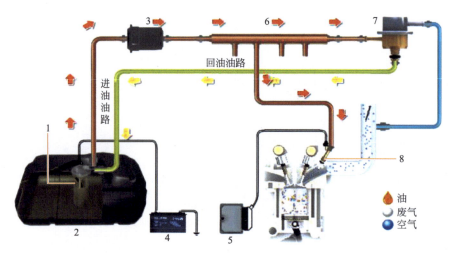

图 7-1-4　汽油机燃油供给系统工作原理

1—汽油泵；2—汽油箱；3—汽油滤清器；4—蓄电池；5—ECU；
6—燃油分配器；7—汽油压力调节器；8—喷油器

5. 燃油分配管

燃油分配管（图 7-1-5）也被称作"共轨"，其作用是将燃油均匀、等压地输送给各缸喷油器。由于它的容积比较大，故有储油蓄压、减缓油压脉动的作用。

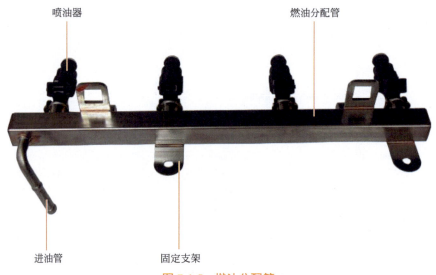

图 7-1-5　燃油分配管

第二节　燃油泵的结构及工作原理

（1）涡轮式电动燃油泵结构

电动燃油泵是一种由小型直流电动机驱动的燃油泵，其作用是给电控燃油系统提供具有一定压力的燃油。涡轮式电动燃油泵主要由永久磁铁、涡轮、转子、换向器等组成（图7-2-1）。涡轮式电动燃油泵的特点是泵油量大、泵油压力高、供油压力稳定、运转噪声小、使用寿命长等，所以应用最为广泛。

图 7-2-1　涡轮式电动燃油泵结构

（2）涡轮式电动燃油泵工作原理

电动燃油泵工作时，永磁电动机通电带动泵体旋转，将燃油从进油口吸入，燃油经电动燃油泵内部，再从出油口压出，给燃油系统供油。电动燃油泵的转速和泵油量由外加电压决定，通常情况下为恒定值（图7-2-2）。

在电动燃油泵的出油口处设有一个止回阀，可以在发动机熄火后，防止燃油倒流，以保持燃油供给系统有一定的残余压力，便于下次启动。

在电动燃油泵的进油口或出油口处设有一个安全阀，可在燃油滤清器或高压管路阻塞等意外情况发生时打开而泄压，从而保护直流电动机。

在电动燃油泵的进油口处安装一个滤网，可防止杂质进入燃油泵造成卡死或密封不良。

汽车发动机构造原理与诊断维修

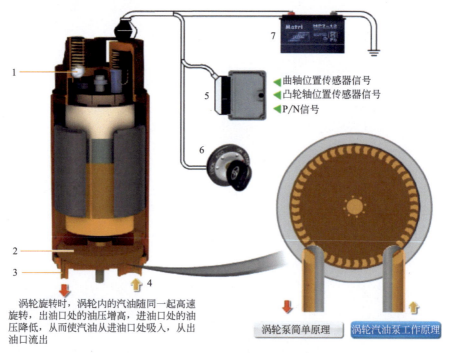

图 7-2-2　涡轮式电动燃油泵工作原理

1—限压阀；2—涡轮；3—出油口；4—进油口；5—ECU；6—点火开关；7—蓄电池

第三节　燃油泵控制单元的拆装

1. 拆卸燃油泵控制单元

所需要的专用工具和维修设备：拆卸楔 3409。

❶ 将前座椅向前移动到底。

❷ 关闭点火开关。

❸ 拆下装配口盖板。

❹ 将手指伸进底板与油箱之间，将接片（2）沿箭头 A 方向向高处按压（图 7-3-1）。

❺ 同时将燃油泵控制单元 J538（1）小心地在电气导线束（3）处沿箭头 B 方向从定位座中拔出（图 7-3-1）。

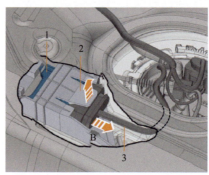

图 7-3-1　燃油泵控制单元 J538

❻ 将燃油泵控制单元 J538 从油箱和底板之间向内取出。
❼ 脱开电插头并取下燃油泵控制单元 J538。

2. 安装燃油泵控制单元

安装以倒序进行，同时注意下列事项。
❶ 将电气导线束连接到燃油泵控制单元 J538 上。
❷ 通过反向拉拔检查插头位置是否正确。
❸ 将燃油泵控制单元 J538 插入燃油箱定位件中并压紧，直至听到卡止声。
❹ 通过反向拉拔检查燃油泵控制单元 J538 的位置是否正确。

第四节　喷油器维修

1. 电磁式喷油器结构

电磁式喷油器通过绝缘垫装在进气管上，它的作用是根据电控单元的指令将燃油以雾状的形态喷入进气管内（图 7-4-1）。

喷油器一般由壳体、电磁线圈、复位弹簧、衔铁、针阀和滤网等组成，为轴针式喷油器结构。喷油器的优点是针阀前端的轴针伸入喷孔，可使燃油以环状喷出，有利于雾化，且由于轴针在喷口中不断运动，故喷孔不易堵塞。缺点是燃油雾化质量稍差，且由于针阀质量较大，因而动态响应性较差。

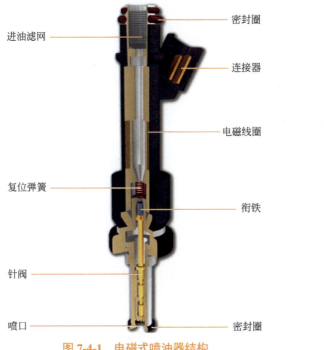

视频精讲

图 7-4-1　电磁式喷油器结构

2. 喷油器工作原理

发动机工作时，电控单元的喷油控制信号将喷油器的电磁线圈与电源回路接通。电磁线圈有电流通过便产生磁场，磁芯被吸引，与磁芯为一体的针阀向上移动碰到调整垫时，针阀全开，燃油从喷口喷出。当没有电流通过电磁线圈时，在弹簧的作用下，使针阀下移压在阀座上并起密封作用（图7-4-2）。

喷油器的喷油量与针阀行程、喷口面积、喷油环境压力及燃油压力等因素有关，但这些因素一旦确定后，喷油量就由针阀的开启时间，即电磁线圈的通电时间来决定。各喷油器的喷油持续时间由电控单元控制，当某缸活塞处于进气行程时，电控单元指令喷油器喷油。

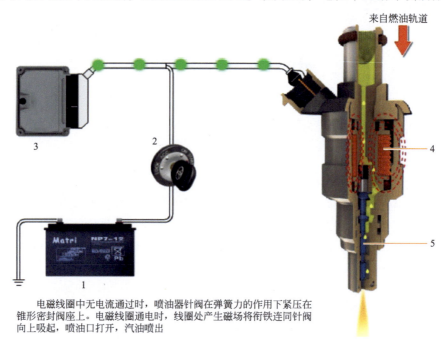

电磁线圈中无电流通过时，喷油器针阀在弹簧力的作用下紧压在锥形密封阀座上。电磁线圈通电时，线圈处产生磁场将衔铁连同针阀向上吸起，喷油口打开，汽油喷出

图 7-4-2　喷油器工作原理

1—蓄电池；2—点火开关；3—ECU；4—电磁线圈；5—针阀

3. 拆卸喷油器

所需要的专用工具和维修设备：扭矩扳手 VAG 1331、直径不超过 25mm 的软管夹 3094。

❶ 拆卸发动机罩。

❷ 沿箭头方向松开卡止装置，将导线槽1从支架上拔出（图7-4-3）。

❸ 用直径不超过 25mm 的软管夹 3094 夹紧冷却液软管2（图7-4-4）。

❹ 松开弹簧卡箍（箭头），拔下冷却液软管2（图7-4-4）。

❺ 拧出上部冷却液管的螺栓1，将上部冷却液管向上抬起。

❻ 拔下电气插头（图7-4-5）。

❼ 脱开发动机吊环处的电线束。

❽ 拧出燃油分配器上的螺栓（图7-4-5中箭头）。

❾ 拧出电气连接插头支架上的螺栓。

⑩ 小心向上拔出燃油分配器和喷油器。

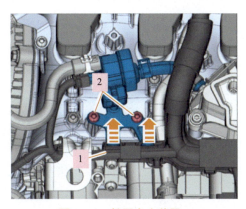

图 7-4-3　松开卡止装置

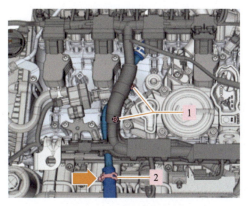

图 7-4-4　松开弹簧卡箍

⑪ 脱开电气连接插头 4（图 7-4-6）。

⑫ 拔下固定夹 2，将喷油器 3 从燃油分配器 1 上拔出（图 7-4-6）。

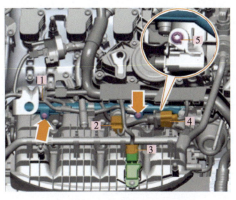

图 7-4-5　拔下电气插头

1—发动机吊环处的电线束；2—用于低压的燃油压力传感器 G410；3—用于进气管传感器 GX9；4—进气歧管喷油器的中间插头；5—电气连接插头支架上的螺栓

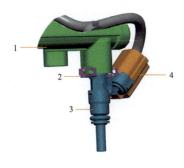

图 7-4-6　脱开电气连接插头

4. 安装喷油器

❶ 更换喷油器 2 上的 O 形圈 1、4（图 7-4-7）。

❷ 安装前用干净的发动机机油浸润 O 形圈。

❸ 用固定夹 3 将喷油器固定在燃油分配器内（图 7-4-7）。

❹ 插入电气连接插头。

❺ 用手将燃油分配器和喷油器压入进气歧管的孔中，直到极限位置（不得沾上机油和油脂）。

其余的安装以倒序进行。

图 7-4-7　喷油器

第五节 燃油滤清器的结构及工作原理

1. 燃油滤清器结构

燃油滤清器安装在电动燃油泵出口侧的油路中,它主要由壳体、内孔管、滤芯、座圈等组成(图 7-5-1)。滤芯采用菊花形结构,这种结构的特点是单位体积内的过滤面积大。燃油滤清器内经常承受 200～300kPa 的燃油压力,因此,要求燃油滤清器壳体及油管的耐压强度应在 500kPa 以上。

燃油滤清器的作用是清除燃油中的粉尘、铁锈等固体杂质,防止供油系统堵塞,减少机械磨损,提高发动机工作的可靠性。

2. 燃油滤清器工作原理

发动机工作时,燃油从燃油滤清器的进口进入滤芯外围,使带有杂质的燃油通过滤芯过滤后从出口流出去。如果燃油滤清器堵塞,将使油压降低,输油量减少,发动机不能正常工作,因此,燃油滤清器应按照规定周期进行更换(图 7-5-2)。

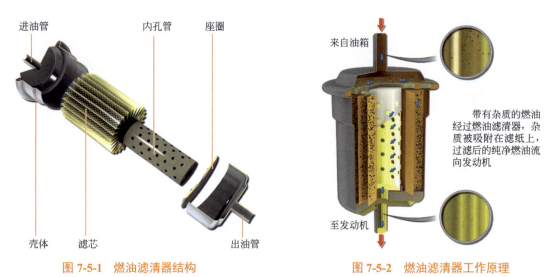

图 7-5-1 燃油滤清器结构　　　　图 7-5-2 燃油滤清器工作原理

第六节 高压油泵的拆装

1. 拆卸高压油泵

所需要的专用工具和维修设备:开口宽度为 17mm 的套筒扳手接头 T10456。

高压油泵只能在发动机冷态下拆卸。

装配高压油泵时应注意，不能有污物进入燃油系统中。
用抹布收集溢出的燃油。
检测高压油泵的 O 形圈，损坏时更换。
如果高压管路管接件松动，则必须更换。
用发动机机油浸润高压管路，且务必无应力地拧紧。

❶ 拧下螺栓（箭头），脱开高压管固定夹（图 7-6-1）。

> **小心**
>
> 燃油系统有压力。
> 喷出的燃油有造成人身伤害的危险。
> - 戴上防护眼镜。
> - 戴上防护手套。
> - 释放燃油系统中的高压。
> - 降低压力：用干净的抹布围住连接处并小心地松开连接处。

❷ 用开口宽度为 17mm 的套筒扳手接头 T10456 松开燃油分配器上的锁紧螺母（箭头）（图 7-6-2）。

图 7-6-1　脱开高压管固定夹

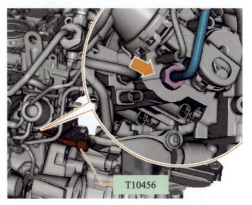

图 7-6-2　松开燃油分配器上的锁紧螺母

❸ 固定住六角管路连接件 A 并松开锁紧螺母（箭头），拆卸高压管路（图 7-6-3）。

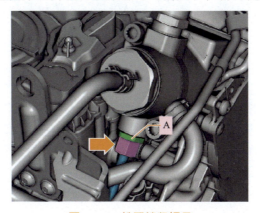

图 7-6-3　松开锁紧螺母

❹将电气连接插头 1 从燃油压力调节阀 N276 上拔下（图 7-6-4）。
❺拆下燃油软管 2 和 3（图 7-6-4）。
❻拧出螺栓（图 7-6-4 中箭头）。
❼小心地拉出高压油泵（滚子挺杆可能仍插在真空泵中）。

2. 安装高压油泵

❶检测高压油泵的 O 形圈，并用干净的发动机机油稍稍浸润。
❷插入滚子挺杆前检查有无损坏，必要时更换。
❸将滚子挺杆装入真空泵（图 7-6-5）。

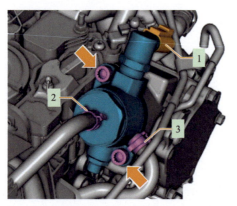

图 7-6-4　拆卸高压油泵

图 7-6-5　将滚子挺杆装入真空泵

安装高压油泵时，滚子挺杆必须位于最深的位置。如果高压管路管接件松动，则必须更换。

❹尽量转动曲轴，直到滚子挺杆位于最低点。
其他的安装以倒序进行。

第七节　燃油供给系统其他零件的作用及工作原理

1. 燃油箱

燃油箱（图 7-7-1）用以储存燃油，燃油箱的数目及容量随车型而异，普通汽车具有一个燃油箱，有些越野汽车则有主、副两个燃油箱，以适应越野需求。一般汽车燃油箱储存的燃油可供汽车行驶 200～600km。以汽油箱为例，其主要组成包括油箱盖、加油管、隔板、油量传感器、燃油管开关等。

如果燃油箱没有燃油或燃油过少，仪表盘上的燃油报警灯会点亮，以便提醒驾驶员，燃油过少，需要及时添加燃油。

图 7-7-1　燃油箱

2. 电动燃油泵

目前各车型装用的电动燃油泵按其结构不同,有涡轮式、滚柱式、齿轮式等(图7-7-2)。内置式电动燃油泵多采用涡轮式,外置式电动燃油泵则多数为滚柱式。外置式是指将燃油泵安装在燃油箱外面的输油管中,而内置式是指将燃油泵安装在燃油箱内。

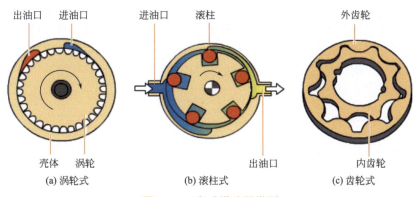

图 7-7-2　电动燃油泵类型

3. 油压脉动缓冲器

当燃油泵泵油、喷油器喷射及油压调节器的回油平面阀开闭时,都将引起燃油管路中油压的脉动和脉动噪声。所以,油压脉动缓冲器的作用就是减小燃油管路中油压的脉动和脉动噪声,并能在发动机停机后保持油路中有一定的压力,以利于发动机重新启动。

油压脉动缓冲器如图 7-7-3 所示,膜片将缓冲器分成空气室和燃油室两部分。当发动机工作时,燃油从进油口流进燃油室,由出油口流出。压力脉动的燃油使膜片弹簧或张或弛,燃油室的容积则或增或减,从而削减了油压的脉动。发动机停机后,膜片弹簧推动膜片向上,将燃油挤出燃油室,以保持管路中有一定的油压。

4. 燃油供给系统

汽油机电控燃油供给系统对发动机混合气的配制与传统的燃油供给系统不一样,它以直接或间接测出的空气量信号为基础,计算出发动机燃烧必需的汽油量,通过喷油器的开启时刻给发动机提供适量的燃油,控制精确的空燃比。汽油机电控燃油供给系统经历了半个多世纪的不断完善和发展,已经广泛应用于现代汽车的发动机上。

ECM 是发动机控制系统的核心部件。在 ECM 的存储器中存储了发动机各种工况的最佳喷油持续时间,在接收了各种传感器传来的信号后,经过计算确定满足发动机运转状态的燃油喷射量和喷射时间。ECM 还可以对多种信息进行处理,实现 EFI 系统以外其他诸多方面的控制,如点火控制、自诊断、故障备用程序启动、仪器显示等。电控燃油供给系统还有如下控制功能。

图 7-7-3　油压脉动缓冲器

（1）喷油量控制

电子控制单元根据空气流量传感器或进气压力传感器、发动机转速传感器、进气温度传感器、冷却水温度传感器等提供的信号而计算出喷油持续时间,因喷油器针阀的行程是一定的,故喷油量的大小取决于喷油器持续时间的长短,发动机各种工况的最佳喷油持续时间存储在电子控制单元的存储器中。所以,喷油量的控制即为喷油器喷射时间的控制。

（2）喷油正时控制

在多数发动机中,其喷油正时是不变的,但在电子控制间歇喷射系统中采用顺序喷射时,电子控制单元还要有燃油喷射系统的气缸辨别信号,根据发动机各缸的点火顺序和随发动机工况的不同而将喷油正时控制在最佳时刻。

（3）减速断油控制

汽车减速行驶时,驾驶员松开加速踏板,节气门关闭。此时电子控制单元会断开燃油喷射控制电路,停止喷油以降低排放和燃油消耗。

（4）限速断油控制

当发动机转速超过安全转速或汽车车速超过设定的最高车速时,电子控制单元将会在发动机临界转速或减速时断开燃油喷射控制电路,以停止喷油,防止超速。

（5）溢油消除控制

启动发动机时,若将加速踏板踩到底,系统将进行断油控制。

（6）冷启动喷油器喷油时间控制

为了提高低温时发动机的启动性能,有的汽车在进气总管上安装了一个冷启动喷油器,其喷油时间由热限时开关控制,或由电子控制单元和热限时开关同时控制,也可由电子控制单元单独控制。不过,大部分汽车现已取消了冷启动喷油器。

(7) 燃油泵控制

在装有电控燃油喷射系统的汽车上,电子控制单元对燃油泵的控制有两种形式:一种是当点火开关打开后电子控制单元指令汽油泵运转 2～3s,以产生必需的油压,若发动机没启动,电子控制单元将油泵控制电路断开,使油泵停止工作,在发动机启动和运转过程中,电子控制单元控制燃油泵正常工作;另一种形式是只有发动机运转时,燃油泵才工作。

(8) 汽油泵泵油量控制

多数发动机例如丰田 7M-GE、7M-GTE,其汽油泵的泵油量是随发动机负荷的变化而变化的,即发动机在启动、高转速、大负荷工况时,汽油泵提高转速以增加泵油量;当发动机在低转速、中小负荷工作时,汽油泵低速运转,以减小电能消耗和油泵的磨损。

5. 汽油喷射系统类型、按喷射位置和时序的不同分类

按喷射部位的不同可分为缸内喷射和缸外喷射两种。缸内喷射是通过安装在气缸盖上的喷油器,将汽油直接喷入气缸内,这种喷射系统需要较高的喷射压力,为 3～5MPa,因而喷油器的结构和布置都比较复杂。缸外喷射系统是将喷油器安装在进气管或进气歧管上,以 0.20～0.35MPa 的喷射压力将汽油喷入进气管或进气道内,前者称进气管喷射(单点喷射),后者称进气道喷射(多点喷射)。目前汽油机电控系统广泛采用的是进气道喷射。进气道喷射(PFI)系统是每个气缸设置一个喷油器,各个喷油器分别向各缸进气道(进气门前方)喷油(图 7-7-4)。

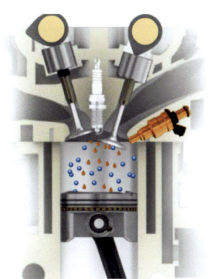

(a) 进气道喷射(缸外喷射)　　(b) 缸内喷射

图 7-7-4　喷射系统类型

按喷射的连续性将汽油喷射系统分为连续喷射式和间歇喷射式。连续喷射是指在发动机工作期间,喷油器连续不断地向进气道内喷油,且大部分汽油是在进气门关闭时喷射的。这种喷射方式大多用于机械控制式或机电混合控制式汽油喷射系统。间歇式喷射是指在发动机

工作期间,汽油被间歇地喷入进气道内。电控汽油喷射系统都采用间歇喷射方式,间歇式喷射可以分为同时喷射、分组喷射和顺序喷射(图7-7-5~图7-7-7)。

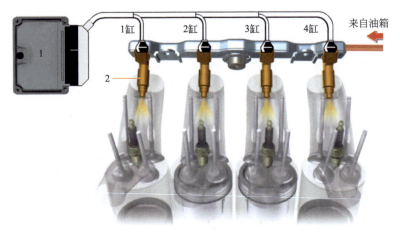

图 7-7-5　同时喷射
1—ECU；2—喷油器

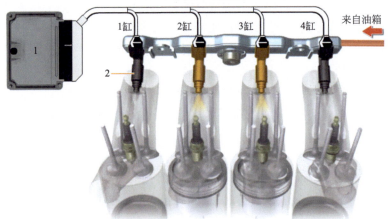

图 7-7-6　分组喷射
1—ECU；2—喷油器

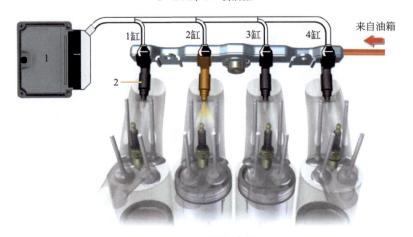

图 7-7-7　顺序喷射
1—ECU；2—喷油器

第八节　汽油发动机燃油供给系统的诊断

1. 检测燃油泵的功能和供电

所需要的专用工具和维修设备：拆卸楔 3409（图 7-8-1）、万用表（例如手持万用表 VAG 1526E）、测量工具辅助套件 VAG 1594C、车辆诊断测试仪。

（1）检测条件

❶ 蓄电池电压必须至少达到 11.5V，必要时给蓄电池充电。
❷ 燃油泵控制单元 J538 熔丝正常，进行故障查询与安装位置检查。
❸ 燃油泵控制单元 J538 正常。

图 7-8-1　拆卸楔 3409

（2）检测过程

用执行诊断器检测燃油泵的功能。

❶ 连接车辆诊断测试器。
❷ 打开点火开关。
❸ 在自诊断中选择燃油泵的执行元件诊断。燃油泵必须慢慢加速直至最高转速。

燃油泵运转的噪声很低；依次重复执行元件诊断，可能还需要在重复执行元件诊断前短暂地开启发动机。

❹ 关闭点火开关。
a. 如果燃油泵不运转，应采取以下措施。
● 拆下装配口盖板。
● 拆卸燃油泵控制单元 J538 和已连接的电气导线束。
● 将燃油泵控制单元 J538 从油箱和底板之间向内取出。
● 将燃油泵控制单元 J538 和电气导线束一同置于一侧。
● 在不按压锁止件的情况下，通过拉拔燃油泵控制单元 J538 上的插头来检查插头是否牢固。如果插头没有正确插入，则重新进行燃油泵的功能测试。
● 脱开并拔下燃油泵控制单元 J538 的插头（图 7-8-2）。
● 检查插头和燃油泵控制单元 J538 上的触点是否损坏。
● 用万用表在燃油泵控制单元插头 1 的触点 2 和 3 之间检查电源，并进行故障查询及安装位置检查。
● 使用测量工具辅助套件 VAG 1594C 打开点火开关。
额定值：约为蓄电池电压。

b. 如果未达到额定值，应采取以下措施。
- 根据电路图测定断路处并进行故障查询与安装位置检查。

c. 如果达到额定值，应采取以下措施。
- 在不按压锁止件的情况下，通过拉拔插头来检查插头1是否牢固。如果插头没有正确插入，则重新进行燃油泵的功能测试。
- 松开并拔出插头1（图7-8-3）。
- 检测插头和燃油供给单元的触点是否损坏。
- 检查燃油泵控制单元J538和燃油输送单元之间的电子线束2是否完好。

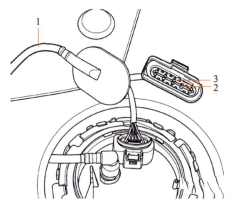 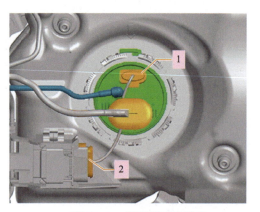

图7-8-2 检查插头和燃油泵控制单元　　图7-8-3 松开并拔出插头

d. 如果找不到故障，应采取以下措施。
- 拆卸燃油输送单元。

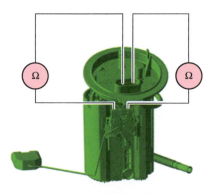

- 用欧姆表检测法兰和燃油泵之间的导线（图7-8-4）。
- 检查触点是否损坏。

e. 如果确定没有断路，应采取以下措施。
- 燃油泵故障，更换燃油供给单元。

图7-8-4 用欧姆表检测法兰和燃油泵之间的导线

2. 检测燃油压力

所需要的专用工具和维修设备：拆卸楔3409、压力测量仪VAS 6550、连接管路VAS 6550/3-3、连接管路VAS 6550/3-4、车辆诊断测试仪。操作条件如下。

❶ 供电正常。
❷ 拔下进油管路1，分离插入式接头（图7-8-5）。

 小心

燃油系统有压力，喷出的燃油有造成人身伤害的危险。

- 戴上防护眼镜。
- 戴上防护手套。
- 降低压力：用干净的抹布围住连接处并小心地松开连接处。

❸ 用抹布收集流出的燃料。
❹ 在压力测量装置 VAS 6550 上连接软管管路 VAS 6550/1（图 7-8-6）。
❺ 将软管管路 VAS 6550/1 与通往发动机的燃油进油管路 1 相连。
❻ 将软管 VAS 6550/2 连接到压力测量仪 VAS 6550 的接口 B 上。
❼ 将通往燃油箱的燃油管路与压力测量仪 VAS 6550 通过软管 VAS 6550/2 相连。
❽ 通过反向拉拔检查插接器是否牢固。

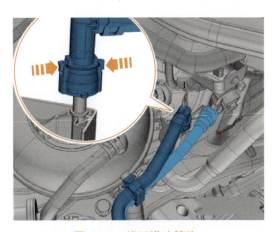

图 7-8-5　拔下进油管路

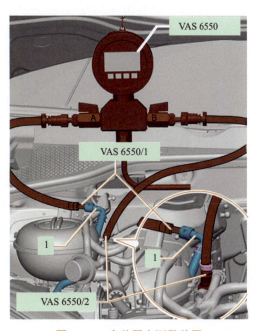

图 7-8-6　安装压力测量装置

注意

测压仪 1 上的排放阀 C 应关闭（图 7-8-7）。

❾ 打开压力测量仪 1 上的截止阀 A 和 B（图 7-8-7）。
❿ 连接车辆诊断测试仪。
⓫ 在自诊断中选择燃油泵的执行元件诊断。

视频精讲

此时控制燃油泵，以便建立燃油压力；依次重复执行元件诊断，可能还需要在重复执行元件诊断前短暂地开启发动机。

⓬ 读取压力计上的燃油压力。

额定值：4.0～7.0bar（1bar=10^5Pa）。

如果燃油压力正常，则检查保持压力。

a．如果超过标准值，应采取以下措施。

- 燃油供给单元中的限压阀损坏。
- 更换燃油供给单元。

b．如果未达到额定值，检查燃油供给单元的燃油压力，为此按如下所述进行操作。

- 拆下装配口盖板。
- 拆卸燃油泵控制单元 J538 和已连接上的电气导线束。
- 将燃油泵控制单元 J538 从燃油箱和底板之间向内取出。
- 将燃油泵控制单元 J538 和电气导线束一同置于一侧。
- 从法兰上拔下燃油管路，分离插入式接头。

> **小心**
>
> 燃油系统有压力，喷出的燃油有造成人身伤害的危险。

- 戴上防护眼镜。
- 戴上防护手套。
- 降低压力：用干净的抹布围住连接处并小心地松开连接处。
- 将压力测量仪 VAS 6550 用连接管 VAS 6550/3-4 连接到燃油输送单元 1 上（图 7-8-8）。
- 将连接管 VAS 6550/3-3 连接在压力测量仪 VAS 6550 和燃油供油管路 2 之间。
- 通过反向拉拔检查插接器是否牢固。

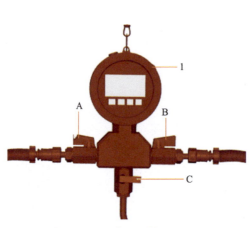

图 7-8-7　压力测量仪

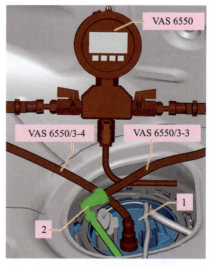

图 7-8-8　压力测量仪连接到燃油管路

> **注意**
>
> 测压仪上的排放阀应关闭。

- 打开压力测量仪上的截止阀。
- 重复执行元件诊断,以便建立燃油压力。

c. 如果达到额定值,应采取以下措施。
- 检查燃油管路是否有窄处(弯折)或者堵塞。
- 检查燃油管路的密封性和损坏情况。

d. 如果未达到额定值,应采取以下措施。
- 拆卸燃油供给单元并检查是否有污物。
- 检查所有软管是否已连接。
- 检查燃油管路是否有窄处(弯折)或者堵塞。
- 检查燃油管路的密封性和损坏情况。

e. 如果无法确定故障,更换燃油供给单元。

第九节　汽油发动机燃油供给系统常见故障案例分析

案例一: 发动机排气故障灯报警,加油动力不足故障分析

1. 故障现象

高尔夫发动机排气故障灯报警,加油动力不足。

2. 故障诊断过程

❶ 使用 VAS 6150B 电脑检测发动机系统有故障码 01089 P0441 000,含义为油箱排气系统通过量不正确,静态(图 7-9-1)。

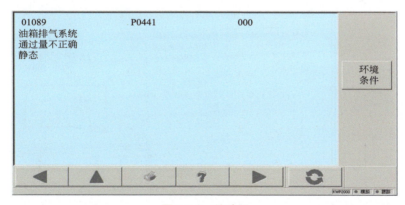

图 7-9-1　故障码

❷ 读取发动机 32 组数据流,发动机怠速及部分负荷数据均在 10% 以内,无异常(图 7-9-2)。

规定值:第一区为 -10.0% ~ 10.0%(怠速时的自学习值);第二区为 -10.0% ~ 10.0%

（部分负荷时的自学习值）。

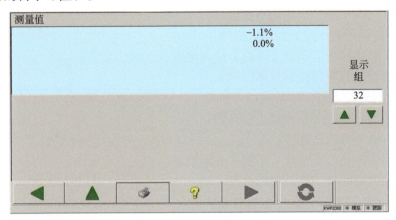

图 7-9-2　测量值

❸ 读取发动机炭罐电磁阀数据流（图 7-9-3 和图 7-9-4）。

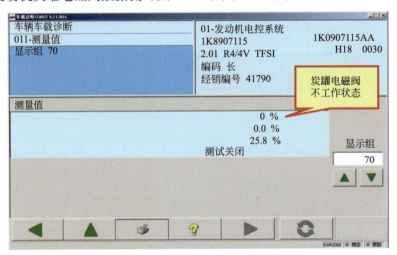

图 7-9-3　发动机炭罐电磁阀数据流（一）

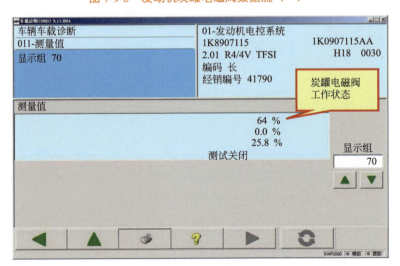

图 7-9-4　发动机炭罐电磁阀数据流（二）

数据流显示情况与正常车相比没有明显差别。
70组炭罐电磁阀数据分析如图7-9-5所示。

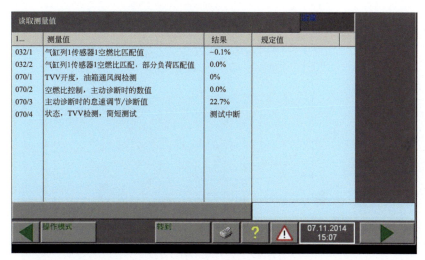

图7-9-5　70组炭罐电磁阀数据

第一区：炭罐电磁阀开度。
第二区：空燃比控制。
第三区：诊断数值。
第四区：基本设置状态下诊断结果。
④ 检查燃油箱通风系统，TVV不正常（图7-9-6）。

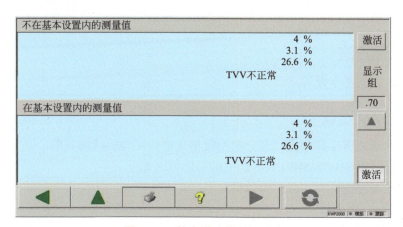

图7-9-6　检查燃油箱通风系统

再次读取数据流查看状态（图7-9-7）。
⑤ 炭罐电磁阀检测：当70组第一区数据块有占空比时，炭罐电磁阀可以正常开启，当数据显示0%时，炭罐电磁阀可以正常关闭。
⑥ 按照第二区数据块判断炭罐中汽油也没有达到饱和状态，决定更换炭罐电磁阀，车辆行驶一段时间，结果故障再现。
⑦ 检查炭罐电磁阀管道，没有发现有漏气情况，之前有车辆出现油气分离器轻微漏气

也会产生一样的故障码，更换油气分离器，故障依旧再现。

❽ 更换炭罐后，故障排除。

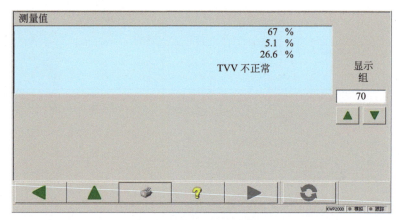

图 7-9-7　再次读取数据流

3. 故障原因分析

对换下的炭罐进行检查发现，炭罐通气管与大气通气管之间阻力较大，明显通风小，汽油蒸气吸附过多，汽油味较大，与 70 组二区数据流相比不匹配（数据流显示炭罐正常状态）。

炭罐电磁阀燃油通气管工作原理：带涡轮增压器的发动机还需要安装一个双止回阀，进气压力过低（例如怠速运转）时，蒸气会进入进气歧管；如果进气歧管内有增压压力，则蒸气被吸入涡轮增压器的进气侧，止回阀防止空气被压向炭罐方向。

燃油箱燃油蒸气通向控制原理：大负荷通往涡轮增压器，小负荷通往进气管。

4. 故障处理方法

更换炭罐，完成基本设置。

5. 案例点评及建议

熟练掌握发动机重要数据流，充分利用数据流进行发动机故障判断。

能够导致故障码 01089 P0441 000 产生的可能原因如下。

❶ 炭罐系统机械部分及电控部分故障。

❷ 节气门脏。

❸ 油气分离器轻微漏气。

❹ 燃油箱故障。

案例二：行驶时急加速不良、仪表 EPC 灯亮故障分析

1. 故障现象

某迈腾车装备 1.8L 发动机，车辆行驶时急加速不良、仪表 EPC 灯亮。

第七章 汽油发动机燃油供给系统

2. 故障诊断过程

该客户多次反映行驶时发动机有时加速不良,仪表 EPC 灯报警。进厂后用 VAS 5052A 检测发现发动机控制单元有故障码 00135 P0087,内容为燃油油轨/系统压力过低,静态。消除故障码,急加速行驶一段路程后,故障码再现(图 7-9-8)。

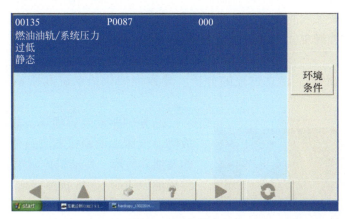

图 7-9-8 故障码

根据故障码判断,导致该故障的可能部位如下。

❶ 低压燃油管路。

❷ 电子油泵及滤清器。

❸ 油泵控制器、供电及线路。

❹ 燃油压力调节阀 N276 及线路。

❺ 发动机控制单元。

按维修经验判断,出现该故障码时油泵控制器、油泵及高压泵损坏的故障率比较常见,首先更换了电子油泵和油泵控制器,接上 VAS 5052A 试车,发现怠速、匀速行驶或缓慢加速均正常。急加速时故障出现,EPC 灯点亮,发动机抖动,最高转速达不到 3000r/min。出现故障时读取发动机高压系统压力:01-08-140 组 3 区显示高压压力只有 4bar(1bar=10^5Pa),正常车辆高压为 50~150bar。检查低压系统,压力为 6bar 左右,排除低压燃油系统的故障(图 7-9-9)。

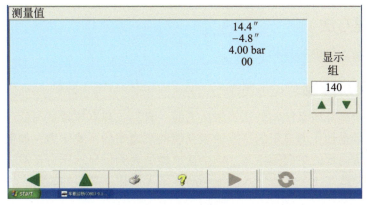

图 7-9-9 测量值

一般高压泵燃油调节阀损坏，高压压力在 7bar 左右，该高压系统压力低于低压燃油系统压力。根据缸内直喷高压行程原理，燃油高压通过安装在燃油泵上的压力调节器 N276 来调节。在喷油过程中，发动机控制单元根据计算出的供油始点向燃油压力控制阀 N276 发送指令使其吸合，此时针阀克服针阀弹簧的作用力向前运动，进油阀在弹簧的作用力下被关闭。随着泵活塞向上运动，在泵腔内建立起油压，当泵腔内的油压高于油轨内的油压时，出油阀强制开启，燃油便被泵入油轨内。在油轨内形成稳定的高压燃油压力由压力传感器识别并把信号传送给发动机控制单元，通过读取数据流 01-08-140 组 3 区显示的压力，可以分析高压是否正常建立。

基于以上对燃油高压建立过程的分析，导致燃油供给系统高压不能建立的可能原因包括：

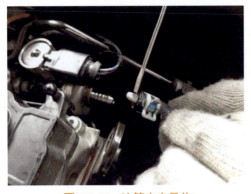

图 7-9-10　油管内有异物

凸轮轴驱动装置损坏，高压泵及输油管堵塞故障，低压燃油系统压力过低，高压泵燃油调节阀及线路故障，发动机控制单元故障。正常车辆，将燃油调压阀 N276 拔掉，高压油压在 7bar 左右，检查凸轮轴驱动凸轮，正常，没有任何变形与异常磨损。该车出现故障时高压压力只有 4bar，低于低压燃油压力，怀疑高压泵进油口堵塞，更换高压泵后故障依旧。最后故障集中在高压泵输油管单向阀上，拆下高压泵输油管准备检查单向阀是否损坏时，在高压泵输入口处发现有一个圆锥形铁块（图 7-9-10）。

取出铁块后检查，单向阀工作正常，重新安装高压泵输油管，试车，故障排除。

3. 故障原因分析

由于高压泵输油管内有异物，该异物尺寸远大于单向阀内部孔径，起初异物离高压泵进油口较远且呈不规则形状，不至于完全堵塞进油管，车辆虽供油不畅，尚能保持系统压力，不至于 EPC 灯报警。随着车辆不断使用，异物随着燃油流动方向缓慢移动位置，直到碰到高压泵进油口，加速时异物完全堵塞高压泵进油口，从而出现发动机加速不良，仪表 EPC 灯报警故障。

4. 故障处理方法

取出高压泵输油管内的异物。

5. 案例点评及建议

日常维修中检查高压系统与低压系统压力时，容易忽视高压系统与低压系统相连接的部位。用燃油表测量燃油压力显示的是燃油表到燃油泵之间的系统压力，如像该车高压泵输油管堵塞或者输油管内部的单向阀堵塞，均会造成燃油表测量显示压力正常，但是实际低压燃油系统不正常，导致高压泵无法输入燃油，高压泵无法建立高压的故障。

第八章 柴油发动机燃油供给系统

第一节 燃油系统概述及功能介绍

燃油系统由燃油供给系统和燃油混合气制备系统组成。燃油供给系统负责将燃油从燃油箱送至发动机，不同车辆的燃油供给系统不同。

燃油混合气制备系统是发动机的组成部分，负责为每次燃烧过程提供准确的燃油量。

燃油存储在燃油箱内，燃油从此处通过燃油泵加压输送至高压泵。为防止污物进入该系统，燃油泵与高压泵之间装有一个燃油滤清器。

由于不允许燃油进入周围环境且必须保持燃油箱内压力平衡，因此需要一个燃油箱通风和排气系统（图8-1-1 和图8-1-2）。

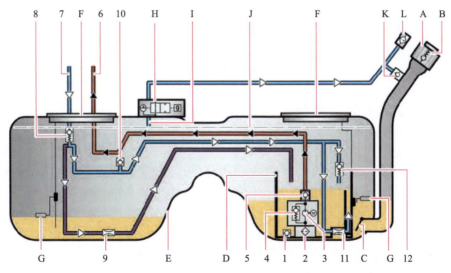

图 8-1-1　燃油箱

A—燃油箱盖；B，4—安全阀；C，K，5，8—单向阀；D—燃油槽；E—燃油箱；F—维修盖；G—油位传感器；H—加注通风阀；I—接口；J—最高燃油油位；L—滤网；1—首次加注阀；2—粗滤器；3—燃油泵；6—供给管路；7—回流管路；9，11—引流泵；10—溢流安全阀；12—溢流阀

汽车发动机构造原理与诊断维修

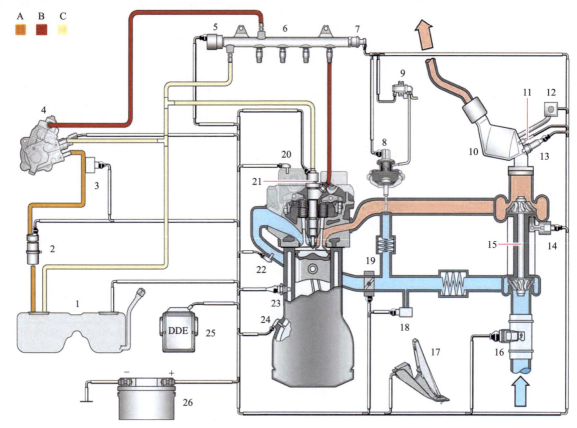

图 8-1-2 柴油发动机系统

A—供给管路；B—高压管路；C—回流管路；1—燃油箱；2—带加热装置的燃油滤清器；3—燃油温度和压力传感器；4—高压泵；5—共轨压力调节阀；6—共轨（高压蓄压器）；7—共轨压力传感器；8—AGR 行程传感器；9—电子气动压力转换器（EPDW）；10—催化转换器和柴油颗粒过滤器；11—废气温度传感器；12—废气背压传感器；13—氧传感器；14—VNT 调节器；15—废气涡轮增压器；16—热膜式空气质量流量计；17—踏板位置传感器；18—增压空气温度传感器；19—节气门；20—凸轮轴传感器；21—喷射器；22—增压压力传感器；23—冷却液温度传感器；24—曲轴传感器；25—数字式柴油机电子系统控制单元；26—蓄电池

除输送燃油外，燃油供给系统还负责过滤燃油。燃油箱内有一个附加的排气系统。

根据车内安装空间情况，燃油箱分为两个燃油室。燃油供给系统装有两个所谓的输送单元，分别位于燃油箱左右两侧。

如图 8-1-1 所示，带有粗滤器 2 的燃油泵 3 是右侧输送单元的一部分，这个输送单元包括由带有溢流阀 12 的引流泵（11）和首次加注阀 1 构成的燃油槽以及一个油位传感器 G。

左侧输送单元则包括引流泵 9、油位传感器 G、单向阀 8 和溢流安全阀 10。

加注通风阀 H 与滤网 L 之间有一个管路。燃油加注管通过单向阀 K 连接在这个管路上。

燃油箱盖 A 内集成有一个用于燃油箱 E 过压保护的安全阀。单向阀 C 安装在燃油加注管端部，该单向阀可防止燃油回流至燃油加注管内。

拆下两个维修盖 F 即可接触到燃油箱内的部件。

燃油油位通过两个油位传感器 G 来识别。

燃油槽 D 可确保燃油泵始终提供充足燃油以供使用。

在燃油槽完全排空的情况下，首次加注阀 1 可确保加注燃油时使燃油进入燃油槽内。

燃油首先通过粗滤器 2 进入燃油泵 3，然后通过单向阀 5 经过供给管路 6 输送至位于发电机室内的燃油滤清器。燃油泵固定在燃油槽内。为避免供给管路内的压力过高，燃油泵内集成了一个安全阀 4。单向阀可以避免关闭发动机时至发动机的供给管路排空，并借此确保至发动机的供给管路内有压力。

用于润滑和产生高压所需的燃油通过回流管路 7 流回燃油箱内。从回流管路流回的燃油经过单向阀 8 后分入两个管路内。

单向阀可防止发动机关闭时回流管路"排空"。

其中一个管路将燃油通过引流泵 11 引入燃油槽。引流泵将燃油箱中的燃油输送至燃油槽内。燃油压力过大时溢流阀 12 开启，燃油直接排入燃油槽内。溢流安全阀 10 可确保发动机关闭时将空气输送至管路中，使燃油无法从燃油箱右侧流回至左侧。

另一个管路在单向阀 8 后连入燃油箱左侧并通过引流泵 9 将燃油输送至燃油槽内。

燃油通风和排气通过加注通风阀 H 实现。

加注通风阀安装在燃油箱内且通过接口 I 确定最高燃油油位 J。加注通风阀中安装了一个浮子，加油时浮子浮在燃油上并堵住加注通风口。随后燃油加注管中的燃油上升并关闭加油枪。

加注通风阀内还集成了一个翻车保护阀，超过某一倾斜角度后该阀门封闭通风和排气管路并在翻车时防止燃油泄漏。

单向阀 K 可防止加油时燃油通过排气管路流出。运行时空气可能进入燃油加注管内，燃油可能从燃油加注管流入燃油箱。

滤网 L 可防止污物或昆虫进入排气管路并造成管路堵塞。

如果排气管路堵塞，则运行中燃油消耗会产生真空并造成燃油箱收缩和损坏。

燃油混合气制备装置是准确提供和计量燃烧所需燃油量的系统，具体任务如下。

❶ 提供所需压力。

❷ 喷射所需燃油量（输送量调节）。

❸ 调节所需喷射开始时间（喷射开始时间调节）。

为满足更严格的柴油发动机排放限值，现代喷射系统要始终确保更高的压力和更准确的喷射。

共轨系统能够充分满足这些要求。在共轨系统中，燃油以高压形式存储在共轨内并通过喷射器以根据特性曲线控制方式喷入燃烧室内。

高压泵使共轨内产生高压，因此共轨系统也称为蓄压喷射系统。

数字式柴油机电子系统控制单元根据运行和环境情况计算出最佳喷射参数，例如：

❶ 喷射开始时间；

❷ 喷射量；

❸ 喷射过程（预先喷射/后续喷射）。

喷射系统主要由以下部分组成。

❶ 低压区域。低压区域分为燃油供给和燃油回流。燃油供给包括燃油箱、燃油泵、燃油加热装置和燃油滤清器。燃油回流包括燃油回流管路和燃油箱内的部件。

❷ 高压区域。高压区域包括高压泵、高压管路、共轨和喷射器。

❸ 电子控制单元。电子控制单元包括传感器和执行机构，例如燃油滤清器加热装置、燃油温度和压力传感器、共轨压力传感器、共轨压力调节阀、油量调节阀和喷射器。

第二节　燃油箱的组成及作用

由于低温时（约 0℃）柴油中会析出石蜡晶体，因此可能会导致燃油滤清器堵塞。冬季使用的柴油要经过特殊处理并添加流动促进剂，其耐寒温度至少为 -22℃。现代柴油发动机已不再允许添加汽油，因为这样可能会造成燃油系统损坏。汽油的十六烷值很低，会严重影响可燃性。

在现代车辆中多数燃油箱由塑料制成（图 8-2-1）。塑料燃油箱具有重量更轻、更易于塑造所需形状以及发生事故时具有较高安全性的优势。燃油箱可以根据安装位置制成特殊形状，以节省空间。为安全起见，燃油箱安装在后桥前。这样可以相对减小发生事故时燃油箱裂开的危险。

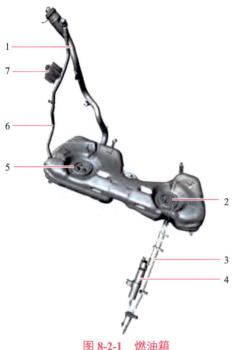

图 8-2-1　燃油箱
1—燃油加注管；2—左侧维修口；3—燃油回流管路；4—带加热装置的燃油滤清器；5—右侧维修口；6—加注通风；7—电动燃油泵控制单元

除了储存燃油外，燃油箱还承担其他任务：
❶ 放置电动燃油泵、各种引流泵和阀门。
❷ 加油期间排气。
❸ 运行期间通风和排气。

1. 加注通风阀

加注通风阀集成在燃油箱内。加油时排出的空气通过加注通风阀流出，经过管路和滤网后排入大气中。如果燃油箱中的燃油油位升高，则浮体 5 向上提升并堵住开孔 4。这样就会造成燃油箱内的压力上升且燃油加注管内的燃油油位上升，从而使加油枪关闭（图 8-2-2）。

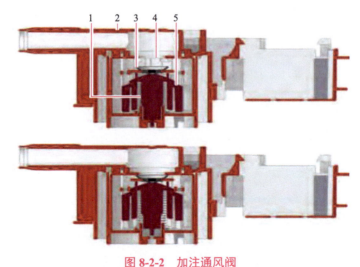

图 8-2-2　加注通风阀
1—压力弹簧；2—浮子壳体；3—密封件；4—开孔；5—浮体

2. 翻车保护阀

翻车保护阀也称为侧翻保护阀。翻车时必须确保燃油不会溢出。翻车时钢球 3 将内芯 4 向上顶起。内芯封闭排气口 5 并使燃油无法溢出。通常情况下开孔 2 不完全闭合，来自排气管 1 的燃油蒸气可以从钢球旁流入，通过敞开的排气口和过滤器后排出（图 8-2-3）。根据具体车型使用不同的翻车保护阀，因此不仅可以组合使用加注通风阀和翻车保护阀，而且也可以为翻车保护阀安装独立的过滤器。

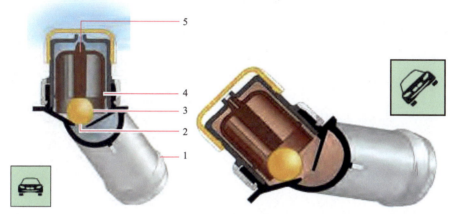

图 8-2-3　翻车保护阀

3. 安全阀

燃油箱排气出现问题时，安全阀可以确保排出可能产生的高压气体并防止燃油箱损坏。

如果燃油箱内产生过压，则这个压力会使阀盘 1 和整个安全阀 5 从密封壳体 6 上抬起，这时便可以将过压释放到大气中。在此通过过压弹簧 2 确定开启压力（图 8-2-4）。过压弹簧以规定压力将安全阀压在密封壳体上并由固定支架来支撑。

4. 单向阀

单向阀位于燃油加注管与燃油箱之间。该单向阀用于防止燃油回流至燃油加注管内（图 8-2-5）。

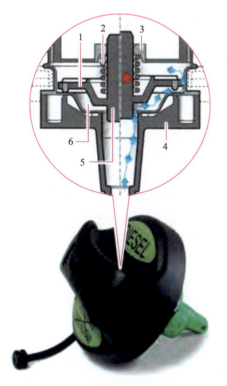

图 8-2-4　安全阀
1—阀盘；2—过压弹簧；3—固定支架；4—壳体下部件；5—安全阀；6—密封壳体

图 8-2-5　单向阀

5. 加油错误保护功能

加油错误保护功能可以确保不会将汽油注入燃油箱中。如图 8-2-6 所示，只能插入直径约为 24mm 的加油枪。如果直径约为 21mm（汽油加油枪），则盖罩 4 不开启，因为此时无法将铰链杆 1 和锁杆 2 彼此压开。

只有插入柴油加油枪时，才能同时压到锁杆 2 和铰链杆 1 上。在此克服拉力弹簧 3 的弹簧力将锁杆向外压并开启盖罩 4。只有铰链杆无法自由移动且加油枪使之固定时，才能开启盖罩（图 8-2-6）。

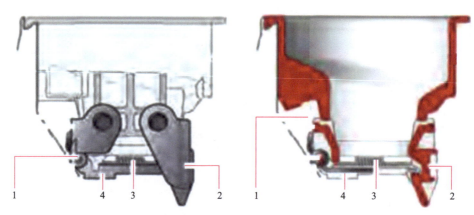

图 8-2-6　加油错误保护功能

第三节　燃油泵、燃油滤清器和加热装置

1. 燃油泵

现代车辆只使用电动燃油泵。电动燃油泵的设计要求是能够输送发动机所需的最大燃油量（额定转速下达到满负荷时）。燃油泵必须在该运行时刻以特定压力输送规定燃油量。这意味着，发动机怠速运转时和部分负荷时，燃油泵输送的燃油量高于所需燃油量数倍。现代车辆中使用燃油泵控制装置，这种装置根据发动机转速提供规定的燃油量。因此可以根据在高压泵前测得的燃油压力按需调节燃油泵，以确保高压泵入口处的燃油压力始终处于平稳状态。这样就能降低燃油泵的能量消耗，从而节省燃油。

电动燃油泵安装在燃油箱内，在此可对燃油泵进行有效防腐并有效消除泵噪声。

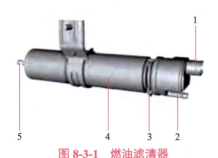

图 8-3-1　燃油滤清器

1—燃油滤清器加热装置插头壳体；2—燃油滤清器加热装置入口；3—固定夹；4—燃油滤清器；5—至高压泵的燃油管路接口

2. 燃油滤清器

燃油滤清器的任务是防止污物进入燃油系统。高压泵和燃油喷射器非常敏感，即使非常微小的污物也可能造成其损坏（图 8-3-1）。

3. 燃油滤清器加热装置

燃油滤清器加热装置插在燃油滤清器壳体内，通过一个固定夹来固定。燃油通过燃油滤清器加热装置后流入燃油滤清器内。燃油滤清器加热装置中安装了一个压力开关和一个温度传感器。

满足以下条件时接通燃油滤清器加热装置：因燃油较凉且黏稠而超过某一规定的燃油压力；低于某一温度值（低于2℃）。

由于冬季柴油在低温情况下也能保持液态，因此使用冬季柴油行驶时通常不启用滤清器加热装置。

第四节 燃 油 槽

1. 概述

燃油槽内装有电动燃油泵（EKP）和引流泵。燃油槽上部为敞开式，这样可以确保燃油泵始终浸在燃油内，从而避免燃油泵吸入空气（图8-4-1）。尤其在燃油油位较低和行驶动力性较高时，燃油槽可确保输送燃油时不会产生气泡。

2. 首次加注阀

在燃油槽底部装有一个首次加注阀，其任务是加油时以及燃油槽排空时确保燃油流入燃油槽内，同时还能防止燃油回流到燃油箱内（图8-4-2）。

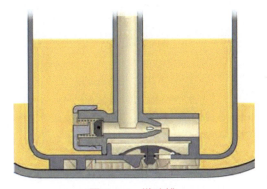

图8-4-1 燃油槽

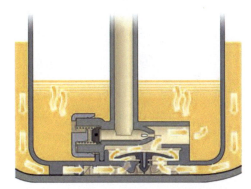

图8-4-2 首次加注阀的功能

3. 引流泵

引流泵采用文氏管效应原理输送燃油。所输送的燃油1按规定压力和规定流动速度流入。燃油流入逐渐变细的管路内时，排出的燃油4速度增加，而压力则会下降。输送的燃油与排出的燃油之间的压力差导致水银柱3移动。引流泵使用这种原理，为此在低压部位处有一个开口（图8-4-3）。

为防止污物进入文氏管喷嘴3，所输送的燃油1需经滤网2过滤。周围的燃油通过吸力5吸入，然后经滤网4继续输送（图8-4-4）。

引流泵负责在运行过程中为燃油槽加注燃油。引流泵由燃油回流管路驱动。引流泵采用喷嘴形状。燃油经过引流泵时会带出周围的燃油（图8-4-5）。

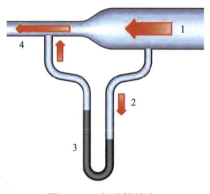

图8-4-3 文氏管效应

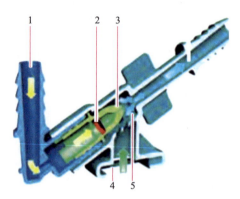

图8-4-4 引流泵

1—输送的燃油；2—燃油压力；3—水银柱；4—排出的燃油

4. 安全阀

如果通过回流管路输送的燃油多于能够流经引流泵的燃油，则安全阀就会打开（图8-4-6），这样可以避免燃油回流管路内产生过压。

图8-4-5 引流泵的功能

图8-4-6 安全阀的功能

第五节 混合气制备装置的组成及作用

共轨系统如图8-5-1所示。

1. 高压泵

高压泵由曲轴通过正时链条驱动（图8-5-2）。

第八章 柴油发动机燃油供给系统

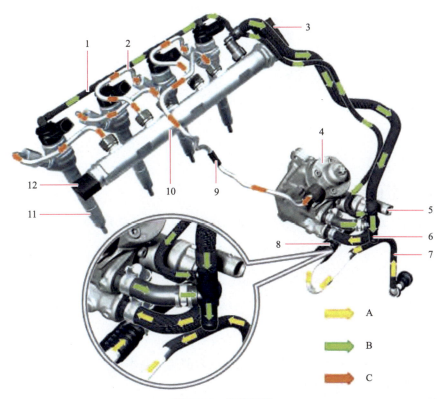

图 8-5-1　共轨系统

A—燃油供给管路（低压）；B—燃油回流管路；C—燃油高压；1—溢流管路；2—共轨至喷射器的高压管路；3—共轨压力调节阀；4—高压泵；5—油量调节阀；6—至燃油箱的燃油回流管路；7—自燃油箱的燃油供给管路；8—燃油压力温度传感器；9—高压泵至共轨的高压管路；10—共轨（高压蓄压器）；11—电磁阀喷射器；12—共轨压力传感器

图 8-5-2　高压泵

2. 油量调节阀

油量调节阀集成在高压泵内（图 8-5-3）。

145

图 8-5-3　油量调节阀

3. 共轨（高压蓄压器）

共轨系统的任务是为所有气缸喷射提供高压燃油（图 8-5-4）。

图 8-5-4　共轨（高压蓄压器）

设计要求是，即使燃油消耗量较大时也能使内部压力基本保持在某一恒定值，因此可以确保喷射器开启时喷射压力基本保持恒定。

充分利用燃油在高压下形成的弹性作用，以便始终蓄满燃油，借此也可以降低燃油泵供油时产生的压力波动。

N47 发动机采用嵌入气缸盖罩内的焊接式共轨，该系统主要由厚壁管、高压管路固定架、共轨压力传感器和共轨压力调节阀构成。

4. 共轨压力传感器

共轨压力传感器安装在共轨前端处，其任务是测量共轨内的压力并为 DDE 提供相应的信号。

共轨压力传感器利用传感器隔膜工作，压力作用在隔膜上时隔膜发生变形，并将隔膜变形转换为电信号发送至分析电路，经过处理的信号从这里发送至 DDE。

电压信号随燃油压力提高以线性方式增加。共轨压力传感器信号是一个重要的 DDE 输入信号，该信号用于控制油量调节阀（高压泵部件）。

5. 共轨压力调节阀

共轨压力调节阀能够提供正确的共轨压力。压力过高时该阀门开启并让燃油回流，直至达到所需压力（图 8-5-5）。压力过低时阀门关闭，以便使高压区域密封。

在正常运行状态下，新一代共轨系统的共轨压力调节阀无须执行这项任务。目前共轨压力通过油量调节阀调节，因此可以降低部分负荷区域内高压

图 8-5-5　共轨压力调节阀

泵的泵动作用。

只有驾驶员突然松开加速踏板且共轨压力过高时，才需要使用共轨压力调节阀。

冷启动时也使用该阀门。油量调节阀以最大输送量将燃油送至高压泵，以便通过泵动作用加热燃油。多余压力燃油通过共轨压力调节阀排出。

6. 喷油器

喷射器是高精度部件，可在精确规定的时刻将准确定量的燃油喷入燃烧室内。高额定功率和低额定功率发动机使用不同的喷射器。压电喷射器与电磁阀喷射器的转换阀启用情况不同，该转换阀用于控制喷射器内的液压装置。

（1）电磁阀喷油器

如图 8-5-6 所示，燃油从高压接口 3 经过一个供油通道 8 输送至喷嘴，同时通过供油节流阀 6 送入控制室 10。

可以用电磁阀开启的排油节流阀 5 与燃油回流管路 1 连接。电磁阀处于关闭状态时，作用在阀控制活塞上的液压力高于喷嘴针压力段上的压力，因此会将喷嘴针下压并堵住至燃烧室的高压通道。

电磁阀受控时，通过排油节流阀开启与燃油回流管路的连接，能够降低控制室内的压力，因此降低了阀控制活塞上的液压力。

只要液压力低于喷嘴针压力段上的压力，喷嘴针就会开启，这样燃油就可以通过喷嘴孔进入燃烧室。

因为使用电磁阀无法直接产生喷嘴针快速开启所需的作用力，所以采用液压加力器系统对喷嘴针进行间接控制。除了喷射的燃油量外，所需要的控制量通过溢流管路输送至燃油回流管路。

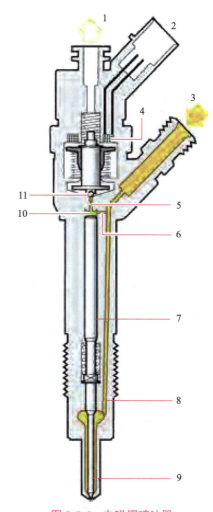

图 8-5-6　电磁阀喷油器

1—燃油回流管路；2—电气接口；3—高压接口；4—线圈；5—排油节流阀；6—供油节流阀；7—阀控制活塞；8—至喷嘴的供油通道；9—喷嘴针；10—控制室；11—阀球

（2）压电喷油器

压电喷射器的液压功能与电磁阀喷射器基本相同，只是用于连接燃油回流管路的阀门不是电磁阀。该阀门是一个由压电元件控制的转换阀。

如图 8-5-7 所示，压电元件 2 位于执行机构模块 5 内。受控时元件移动以打开转换阀。作为液压补偿元件的连接模块 4 连接在两个元件之间，用于补偿温度引起的线膨胀。

喷射器受控制时，执行机构模块膨胀。这种移动由连接模块传递到转换阀 3 上。转换阀开启时，控制室 1 内的压力下降，喷嘴针的开启与电磁阀喷射器完全一样。

压电喷射器的优点是控制非常快且计量更精确。此外，压电喷射器更小、更轻且能量需求低。

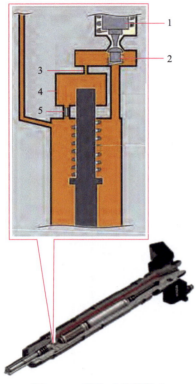

图 8-5-7　压电喷油器闭合

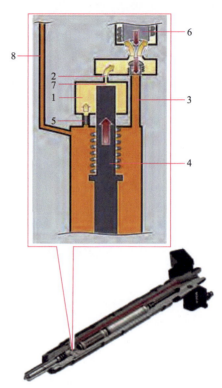

图 8-5-8　压电喷油器喷射

1—连接模块；2—调节阀；3—旁通；4—喷嘴针；5—节流阀；6—控制腔；7—排油口；8—燃油供给管路

如图 8-5-8 所示，DDE 控制喷射器时，压电元件通过连接模块 1 克服弹簧力将调节阀 2 向下压并关闭旁通 3。

此时控制腔 6 内的燃油可以通过排油口 7 和调节阀流出。控制腔内的压力下降，燃油压力使喷嘴针 4 开启。

DDE 为喷射器供电时，压电元件收缩，弹簧力将连接模块压回。调节阀弹簧将调节阀关闭并开通旁通。此时燃油通过旁通、排油口 7 和节流阀 5 输送至控制腔内并将喷嘴针向下压。喷射器关闭，喷射结束（图 8-5-9）。

7. 溢出的燃油

受系统条件所限，喷射器会有燃油溢出。这种作为控制量的燃油通过转换阀和排油节流阀的开口流出。此外，由于喷射器中的压力较高，因此转换阀和排油节流阀上始终有一定量的燃油伴随压出。

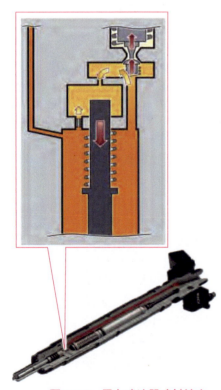

图 8-5-9　压电喷油器喷射结束

这些燃油流入每个喷射器都与之连接的溢出管路内。高额功率和低额定功率发动机在这一点上有所不同。

在低额定功率发动机上，溢出的燃油输送至连接燃油箱的回流管路内。

在高额定功率发动机上，溢出的燃油输送至连接高压泵的供给管路内，其原因是压电喷射器内的转换阀需要一定的背压才能正确工作。

第六节　更换燃油滤清器

1. 拆卸燃油滤清器（图 8-6-1）

❶ 松脱燃油管路 1。
❷ 松开燃油预热器 3 上的夹子 2。
❸ 拔下燃油滤清器 5 上的燃油预热器 3。
❹ 松开螺栓 4 并拆卸支架。
❺ 拆下燃油滤清器 5。

2. 安装燃油滤清器

❶ 安装新的燃油滤清器。
❷ 安装支架并拧紧螺栓。
❸ 连接并锁紧燃油管路。
❹ 必须听到燃油管路嵌入的声音。
❺ 将燃油预热器连接燃油滤清器并使用夹子固定。

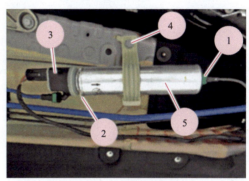

图 8-6-1　燃油滤清器

第七节　更换高压泵

1. 需要的准备工作

❶ 松开电控箱。
❷ 拆下进气集气箱。
❸ 拆下主油路机油滤清器。
❹ 拆卸曲轴箱上的管接头。
❺ 松开液压机组 DSC。
❻ 拆卸后部发动机的隔声装置。
❼ 拆下高压泵和蓄压器之间的高压管路。
❽ 将曲轴位置固定在点火上止点。

2. 拆卸高压泵

❶ 松开并拔下高压泵的插头1（图8-7-1）。
❷ 解锁燃油供油管2和回流管路3并从高压泵上拔下（图8-7-1）。
❸ 盛接排出的燃油并妥善处理。
❹ 为了定位高压泵链轮，将专用工具11 8 031和11 8 032一起旋入（图8-7-2）。
❺ 再去除专用工具11 8 032。
❻ 将专用工具11 8 031保留在控制装置壳体中，直到维修工作结束为止。

图8-7-1　拆卸燃油管

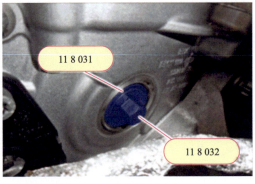

图8-7-2　旋入专用工具

❼ 松开螺栓1（图8-7-3）。
❽ 拆下高压泵支架。
❾ 松开高压泵上的上部螺栓1（图8-7-4）。

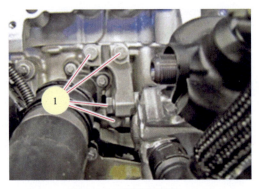

图8-7-3　高压泵支架

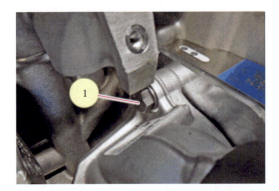

图8-7-4　松开高压泵上的上部螺栓

❿ 松开高压泵上的下部螺栓1（图8-7-5）。

> **注意**
> 专用工具11 8 031保留在控制装置壳体中；中心螺栓保留在链轮中。

⓫ 松开高压泵和链轮之间的螺栓连接（图8-7-6）。

第八章 柴油发动机燃油供给系统

中心螺栓支撑在专用工具 11 8 031 上,直至高压泵被压出为止。

⑫ 拆下高压泵。

图 8-7-5 松开高压泵上的下部螺栓

图 8-7-6 松开高压泵和链轮之间的螺栓连接

3. 安装高压泵

❶ 为了将高压泵轴装入带中心螺栓的链轮 1 中(图 8-7-7),可能必须将高压泵转动一个角度(键槽-凸耳匹配),然后将高压泵重新旋转到螺栓连接位置。

❷ 更新高压泵。在安装新高压泵 2 时必须匹配高压泵与链轮之间的配合(图 8-7-8),必须扭转带凹槽的轴 1。

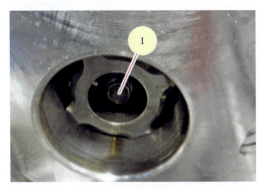

图 8-7-7 将高压泵轴装入带中心螺栓的链轮

图 8-7-8 匹配高压泵与链轮之间的配合

❸ 将高压泵轴用专用工具 2 359 956 沿顺时针方向(俯视)转回,直到高压泵与链轮之间的配合匹配(图 8-7-9)。

不要损坏轴,尤其是圆锥体!

❹ 将高压泵装入链轮中并放上中心螺栓。

❺ 拧紧高压泵上的上部螺栓。

❻ 拧紧高压泵上的下部螺栓。

❼ 将中心螺栓用扭力扳手 1 拧紧(图 8-7-10)。拧紧力矩:65N·m。

⑧ 将专用工具 11 8 032 装入专用工具 11 8 031 中。
⑨ 旋出并拆卸专用工具 11 8 031。
⑩ 更新密封盖及 O 形环。
⑪ 安装隔板。

图 8-7-9　高压泵与链轮之间的配合匹配

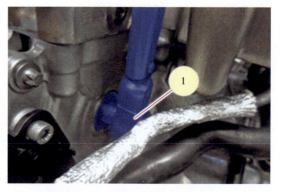

图 8-7-10　用扭力扳手拧紧螺栓

4. 所需的修整

① 安装高压泵和蓄压器之间的高压管路。
② 安装主油路机油滤清器。
③ 安装曲轴箱上的管接头。
④ 安装进气集气箱。
⑤ 安装电控箱。
⑥ 安装 DSC 液压机组。
⑦ 安装后部发动机的隔声装置。
⑧ 拆卸用于将曲轴位置固定在点火上止点的专用工具。
⑨ 通过诊断系统对燃油系统进行排气。
⑩ 检查燃油系统的密封性。

第八节　更换喷油嘴

1. 需要的准备工作

① 读取 DDE 控制单元的故障码存储器。
② 松开喷射装置的所有排油管。
③ 拆卸喷油嘴的所有高压管路。
④ 拆卸后部发动机的隔声装置。
⑤ 用护罩 2 413 106 封闭燃油系统的所有开口。

2. 拆卸喷油嘴

① 松开并拔下插头 1（图 8-8-1）。

❷ 松开卡爪的螺栓 1（图 8-8-2）。
❸ 拆卸卡爪 2 和螺栓 1。
❹ 通过略微旋转向上拉出喷射装置 3。

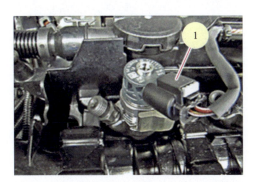

图 8-8-1　松开并拔下插头

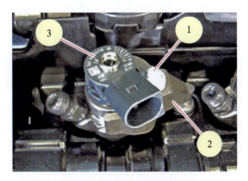

图 8-8-2　拉出喷射装置

❺ 固定式喷射装置的工作步骤如下。
　a. 从专用工具 13 5 250 上拧下轴套 13 5 252 并拆卸滑锤 13 5 253（图 8-8-3）。
　b. 将轴套 13 5 252 重新用螺栓拧紧到专用工具 13 5 250 上。
❻ 将专用工具 13 5 250 及轴套 13 5 252 用螺栓拧紧到喷射装置 1 的高压管路接口上（图 8-8-4）。通过短距离的往返移动松开并拆下喷射装置 1（图 8-8-4）。

> 🔧 **注意**
>
> 只可用拆卸杆将喷油嘴移动几度。

图 8-8-3　专用工具

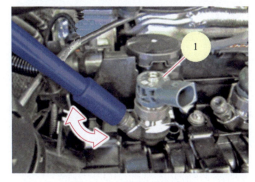

图 8-8-4　拆下喷射装置

3. 安装喷油嘴

❶ 清洁喷油嘴导孔。
　a. 铜制密封环不允许保留在喷油嘴导孔上。
　b. 将密封盖 13 5 215 用装配杆 13 5 214 装入喷油嘴导孔中，去除装配杆（图 8-8-5）。
❷ 将清洁工具与刷头 13 5 210 装入喷油嘴导孔中（图 8-8-6）。

图 8-8-5　安装密封盖

图 8-8-6　安装清洁工具与刷头

> **注意**
>
> 佩戴防护眼镜并用抹布或类似物品遮盖喷油嘴安装孔。

❸ 通过旋转向上和向下移动喷射装置导孔中的刷头。在去除清洁工具后用压缩空气吹净喷射装置导孔（图 8-8-7）。

❹ 将密封塞 13 5 215 重新用装配杆 13 5 214 去除。

❺ 准备喷油嘴：更新喷射装置 2 上的铜密封环 1（图 8-8-8）。

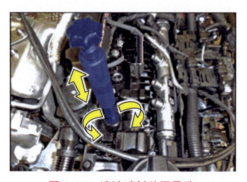

图 8-8-7　清洁喷射装置导孔

图 8-8-8　更新铜密封环

❻ 安装喷射装置。

❼ 将插头插到喷射装置上，必须听到插头嵌入的声音。

4. 所需的修整

❶ 将所有排油管连接至喷射装置。

❷ 安装喷射装置的所有高压管路。

❸ 安装后部发动机的隔声装置。

❹ 检查燃油系统是否密封。

❺ 更新喷射装置时执行喷油嘴油量匹配。

5. 喷油嘴油量匹配

❶ 在安装新喷射装置时每次都必须读取匹配值（图 8-8-9）。

❷ 匹配值（7位字母/数字代码）刻印在各喷射装置上。

❸ 根据新喷射装置安装位置（气缸）输入数字/字母。

    a. 选择"DDE"。

    b. 选择"匹配、喷油嘴油量匹配"。

    c. 选择"检测计划"。

    d. 对于每个气缸，如果更新过喷射装置，则必须输入匹配值。

需要匹配新的喷射装置，以确保功能完全正常。

图 8-8-9　喷油嘴油量匹配

第九节　柴油发动机燃油供给系统常见故障案例分析

案例一：排气管冒黑烟故障分析

柴油机出厂时烟度经检测符合有关标准，正常使用条件下不会冒黑烟。只有在超负荷工作时才会冒黑烟。如果柴油机在空负荷或小负荷状态运转时就冒黑烟，或大负荷时冒黑烟过重，则属不正常工作。

柴油机冒黑烟的主要原因如下。

（1）喷油器工作不良

喷油器雾化不良或滴油，在柴油机低速时尤为明显，转速越低冒烟越严重，可用单缸断油法逐缸查找。

（2）供油提前角调整不当

供油提前角过小，后燃增加，燃料不能完全燃烧，形成炭烟而排出，造成排气冒黑烟。

（3）喷油泵供油量过大

供油量过大，所冒黑烟连续不断，而且油门越大，冒黑烟也越大，可用断油法检查。

（4）空气滤清器堵塞

空气滤清器滤芯堵塞后，柴油机进气量减少，喷入气缸内同样多的柴油，没有足够的空气与之混合，柴油不能充分燃烧，产生黑烟。

（5）柴油机负荷过大

汽车在加速、爬坡或柴油机超负荷时，喷入燃烧室中的柴油增加，但过多柴油和空气混合不均匀，仍不可避免地出现局部空气不足的燃烧，柴油在高温高压缺氧的情况下分解、聚合成炭烟，随废气排出黑烟。应尽量避免汽车运行中超负荷。

（6）柴油质量不好

柴油机使用劣质柴油，或柴油中含有其他杂质燃油，使燃烧不充分而排黑烟。

（7）增压器的原因

增压器工作不良、转速不足，增压补偿器失灵，造成排气冒黑烟。需检查、修理。

（8）其他

压缩比不够，气门间隙调整不当，气门黏滞或气门与气门座间的密封不严等，都是造成柴油机冒黑烟的重要原因。

案例二：排气管冒白烟案例分析

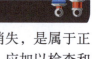

柴油机在寒冷季节冷车启动时冒白烟，若转速升高，速度上来后白烟消失，是属于正常现象。但柴油机热车后，排气管仍冒白烟，则判定为柴油机工作不正常，应加以检查和排除。

柴油机冒白烟的主要原因如下。

（1）供油提前角过小

柴油机温度不高时，一部分燃油来不及燃烧就随废气排出，排出的柴油油雾就形成白色气体。

（2）冷却水进入气缸里

气缸盖漏水或气缸垫冲坏与水道连通，使冷却水渗入气缸内，在排气时被排出去形成白烟。若气缸内进水过多，发动机不能启动。

（3）寒冷季节

冷车启动或喷油器有严重的滴油现象时排气冒白烟，此种现象在严寒地区最为常见。

（4）其他

柴油机中有水、喷油压力过低、柴油雾化不良等都会造成柴油机冒白烟，应及时检查和排除。

若上述原因排除后，发动机还是冒白烟，可检查是否有某缸进气管堵塞，因为进气管堵塞，喷入缸内的柴油没有燃烧就排出也会造成发动机冒白烟。

案例三：喷油器故障案例分析

（1）油路中有空气

松开柴油滤清器出油管接头螺钉，扳动手压泵，此时放气螺钉处不断有泡沫状柴油流出。排完后重新启动柴油机，若启动转速够，柴油机仍不能启动，则可能是喷油泵故障。

(2)喷油器工作不良

❶ 如果热机时容易启动,冷机时不易启动,多为喷油器压力调整不当或雾化不好。冷机启动时,由于气缸内温度低,使压缩终了缸内空气温度较低,使喷油器喷入缸内的柴油不易着火燃烧,造成启动困难。

❷ 喷油器的针阀卡死(开启位置),喷入燃烧室的燃油雾化不良,不能燃烧而沿缸壁流入油底壳,与机油混合。如不及时排除,长期带病工作,会造成润滑油黏度下降,引发烧瓦事故发生。

(3)供油提前角调整不对

供油提前角过早或过晚都会使柴油机出现启动困难的现象。

(4)喷油泵不供油或供油不足

❶ 停机后没有将灭火拉线手柄推回到位(供油位置),或拉线过短使手柄在断油位置,因而不能启动。

❷ 喷油泵的柱塞偶件磨损严重。

(5)喷射通道故障时的自我保护

当仅有一缸喷射通道出现故障时,诊断系统禁止发动机全负荷工作,允许最大负荷20%。

当有2缸及以上喷射通道出现故障时,诊断系统将停止发动机运行,在运行停止前MIL的红灯点亮,发动机在约1min之后停机。

视频精讲

第九章 发动机电控系统

第一节 发动机电控系统概述

1. 发动机电控系统介绍

发动机电控系统包括传感器、电子控制单元（ECU）和执行器，如图 9-1-1 所示。发动机在运行时，ECU 接收各传感器送来的发动机工况信号，并根据 ECU 内部预先编制的控制程序和存储的数据，通过计算、处理、判断，确定适应发动机工况的喷油量（喷油时间）、点火提前角等参数，并将这些参数转变为电信号，向各个执行器发出指令，从而使发动机保持最佳运行状态（图 9-1-2）。

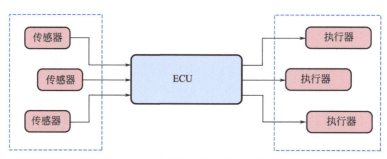

图 9-1-1　发动机电控系统组成示意

2. 发动机电控系统组成

发动机电控系统主要包括燃油喷射控制系统、点火控制系统、怠速控制系统、进气控制系统、排放控制系统、巡航控制系统、警告提示系统、自诊断与报警系统、失效保护系统、应急备用系统等（图 9-1-3 ～图 9-1-7）。

第九章　发动机电控系统

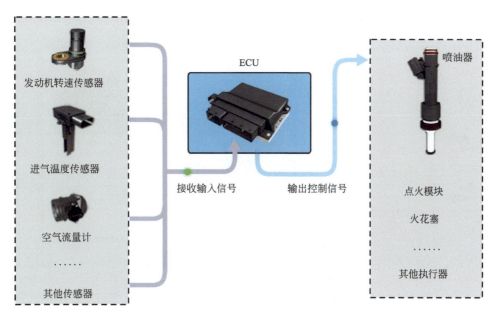

图 9-1-2　发动机电控系统功能

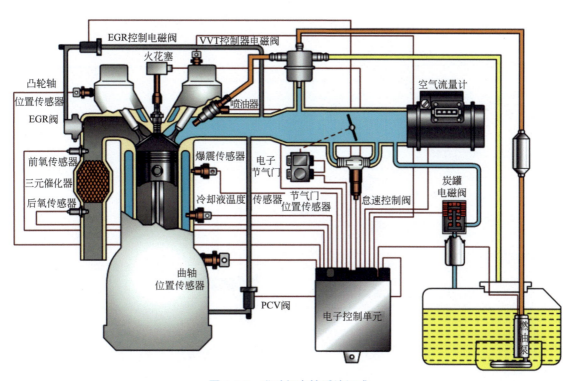

图 9-1-3　发动机电控系统组成

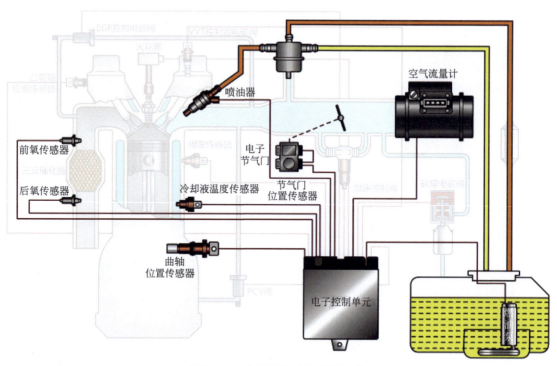

图 9-1-4　电控燃油喷射系统组成

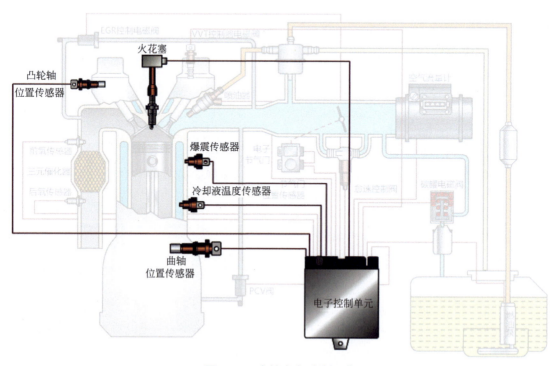

图 9-1-5　电控点火系统组成

第九章 发动机电控系统

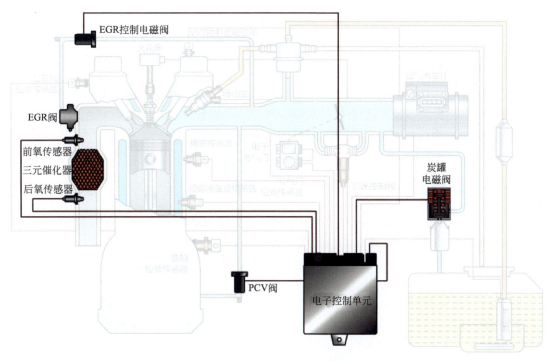

图 9-1-6　排放控制系统组成

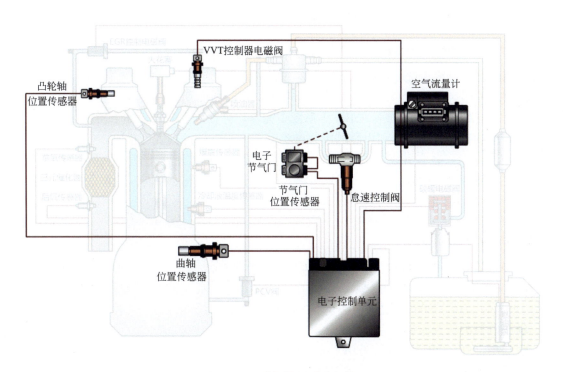

图 9-1-7　进气控制系统组成

161

第二节　车辆诊断系统

1. 随车诊断系统的概念

随车诊断系统（On Board Diagnostics，OBD）就是集成在 PCM 内部的具有诊断功能的系统，该系统自动检测发动机电子控制系统，并把故障以故障码的形式存储起来，使用汽车故障诊断仪可以检测出故障码，判断故障部位。

2. 随车诊断系统的类型

目前，OBD 的类型有 MOBD、CARB OBD Ⅱ、EURO OBD、ENHACED OBD，以上几种 OBD 通过手持式诊断仪读取的故障码均为 5 位。

MOBD：是日本丰田公司独有的随车诊断系统，通过它可以读取丰田车系的故障码和相关数据。

CARB OBD Ⅱ 和 ENHACED OBD：是应用于美国和加拿大的排放诊断系统。它们满足美国和加拿大的相关排放法规要求，通过它们可以读取美国和加拿大车辆的故障码及相关数据。

EURO OBD：是应用于欧洲的排放诊断系统。它满足欧洲的相关排放法规要求，通过它可以读取欧洲车辆的故障码和相关数据。

3. OBD Ⅰ 系统（图 9-2-1）

早期的车辆通常通过某种特定的操作，触发故障指示灯闪烁，根据故障指示灯闪烁的频率来读取故障码。早期的 OBD Ⅰ 系统监测的有：主要输入传感器、燃油计量系统、废气再循环系统、电路的断路和短路。OBD Ⅰ 系统不完善，存在许多缺点，如下所示。

❶ 检测项目不全面，监测电路的敏感度不高，无法有效控制废气排放。

❷ 汽车制造厂各自开发自己的诊断系统，诊断插座的位置和形式、故障码的定义、故障码和数据流的读取及显示方法、通信协议、故障诊断仪等各不相同，给售后维修服务带来极大的麻烦和困难。

4. OBD Ⅱ 系统

OBD Ⅰ 系统达不到日益严格的排放法规的要求，在美国加利福尼亚州大气资源委员会（CARB）的倡导之下，美国汽车工程师协会（SAE）制定了一个更加完善的 OBD Ⅱ 系统，并于 1996 年在美国强制实施。OBD Ⅱ 系统具有如下特点。

❶ 排放监测功能加强。

❷ 通用性好。OBD Ⅱ 系统采用了大量标准化的内容。

a. 采用标准的 OBD Ⅱ 16 端子数据通信连接器（DLC），如图 9-2-2 所示。

b. 采用标准的通信协议、诊断模式和通用的诊断仪，使诊断仪使用很方便。

第九章　发动机电控系统

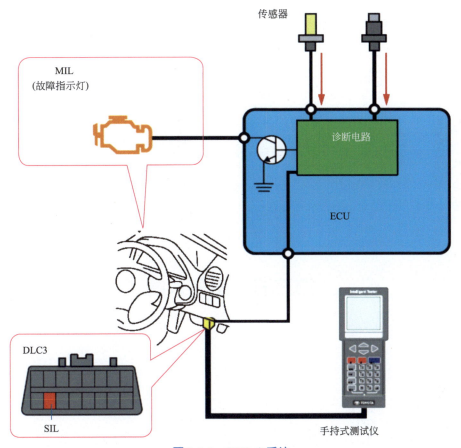

图 9-2-1　OBD Ⅰ系统

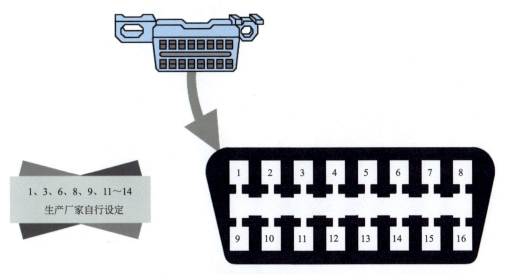

图 9-2-2　数据通信连接器（DLC）

c. 统一的部件名称和缩写，标准的诊断信息数据格式，使得各种信息不再混乱。

d. 统一的故障码编制方法及含义，使得故障码的识别和分析更快速（图 9-2-3）。

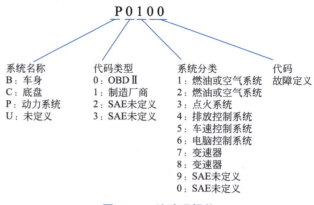

视频精讲

图 9-2-3　故障码规范

第三节　进气系统

1. 概述

（1）进气系统组成

进气系统主要由空气滤清器、空气流量计、进气管、节气门体以及进气歧管等部分组成，其功用是为可燃混合气的形成提供必需的空气量（图 9-3-1）。

进气管是指空气从进气口进入，通过空气滤清器，直到要进入各个气缸前的这一段管道，是发动机的主要进气管路，也是总的进气管路。进气歧管是指空气从进气管进入各个气缸，往各个气缸分配的这一段管道。每个气缸有一个进气歧管，这样保证了各个气缸进气分配合理均匀。

图 9-3-1　进气系统组成

（2）进气系统工作原理

空气经空气滤清器过滤掉杂质后，流过空气流量传感器，经由进气道进入进气歧管，与喷油器喷出的汽油混合后形成适当比例的可燃混合气，经进气门送入气缸内燃烧。驾驶员通过操作加速踏板控制节气门开度，来调节进入气缸的空气量。

（3）进气控制系统

进气控制系统主要进行废气涡轮增压控制、可变气门正时控制、可变气门升程控制、可变惯性进气控制等。废气涡轮增压器利用发动机排放的废气作为动力将进气进行压缩，从而提高进气密度，增大进气量，这样在不增加发动机排量的情况下提高发动机的输出功率。

可变进气控制系统主要包括动力阀控制系统和进气谐振系统。动力阀控制系统根据发动机转速和负荷信息的变化改变进气道的空气流通截面的大小，以满足发动机不同转速和负荷时对进气量的需求，从而改善发动机的低速和高速性能。进气谐振系统根据发动机转速和负荷信息改变进气道的长度，充分利用进气惯性提高进气效率。低速时增加进气道长度，提高发动机在低至中转速范围内的转矩输出；高速时减少进气道长度，提高高转速范围内的功率输出（图9-3-2）。

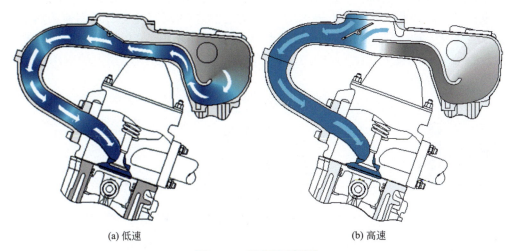

(a) 低速　　　　(b) 高速

图 9-3-2　进气控制系统

（4）进气系统常见故障分析

进气系统常见故障主要是气体泄漏和阻塞。漏气故障通常发生在节气门体之后的进气管、进气歧管等与其他部件的结合处，一般是由于密封垫片失效所致，需要更换作业，但找出漏气点是更换作业前的关键环节。

进气系统的阻塞故障通常发生于空气滤清器内部滤芯处，一般通过清洁作业可以排除，个别情况下需要更换滤芯。但对于不同类型的空气滤清器，清洁作业的方法也会不同。

2. 空气流量传感器

（1）热线式空气流量计的作用

热线式空气流量计是一个传感器，用于测量流经节气门的空气流量，并将信息传输给ECU，ECM利用此信息确定最佳空燃比的燃油喷射量。

（2）热线式空气流量计的结构

热线式空气流量计主要由控制电路、铂热丝、温度补偿电阻和连接器针脚等组成（图9-3-3）。

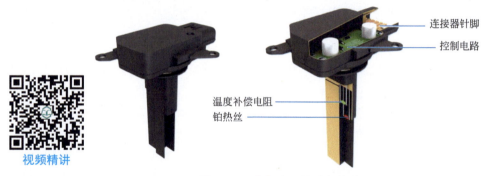

图 9-3-3　空气流量传感器的结构

（3）热线式空气流量计的工作原理

热线式空气流量计内部有一个暴露于进气流的铂热丝。ECM 向铂热丝施加一个特定的电流，以将其加热到设定的温度。进气流冷却铂热丝和内部热敏电阻，从而使铂热丝和热敏电阻值发生变化。ECM 改变施加于空气流量计铂热丝中的电流来保持温度恒定。电流大小与通过传感器的空气流量成比例，ECM 则利用该电流在检测分压电阻上的电压变化值来计量进气量（图 9-3-4）。

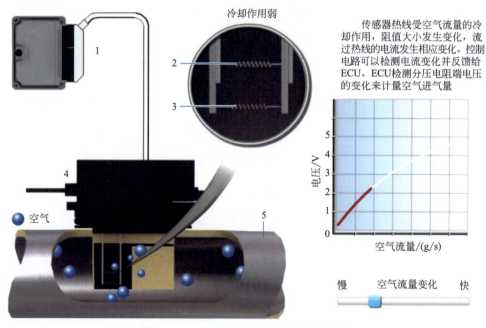

图 9-3-4　热线式空气流量计的工作原理

1—ECU；2—温度补偿电阻；3—铂热丝；4—热线式空气流量传感器；5—进气管

3. 电子节气门

（1）霍尔式节气门位置传感器的作用

霍尔式节气门位置传感器安装在节气门体总成上，检测节气门开度，属于非接触型传感器。使用霍尔效应元件，以便在极端的行驶条件下（例如高速、极低车速）也能生成精确的信号。

(2)霍尔式节气门体的结构

霍尔式节气门体主要由霍尔IC、连接器、磁铁、节气门电动机、节气门轴、减速齿轮等组成（图9-3-5）。

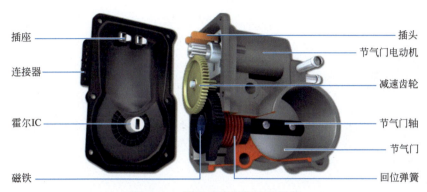

图 9-3-5　霍尔式节气门体的结构

(3)霍尔式节气门位置传感器的工作原理

节气门位置传感器用于检测节气门开度情况。当节气门关闭时，传感器输出电压降低；当节气门开启时，传感器输出电压升高。ECM根据这些信号来计算节气门开度并响应驾驶员输入来控制节气门执行器。这些信号同时也用来计算空燃比修正值、功率提高修正值和燃油切断控制。

节气门位置传感器有两个传感器电路（VTA1和VTA2），两个传感器电路分别传送信号。VTA1用于检测节气门开度，VTA2用于检测VTA1故障。传感器信号电压与节气门开度成比例，在0～5V之间变化，并且传送至ECM的VTA端子（图9-3-6）。

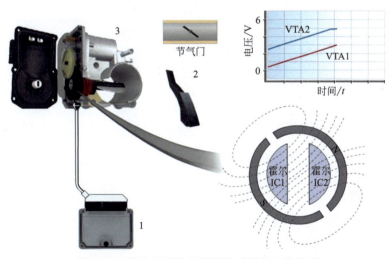

图 9-3-6　霍尔式节气门位置传感器的工作原理
1—ECU；2—油门踏板；3—节气门体

4. 油门踏板位置传感器

(1)油门踏板位置传感器的作用

油门踏板主要由油门总成、位置传感器和位置传感器连接器等组成（图9-3-7）。油门

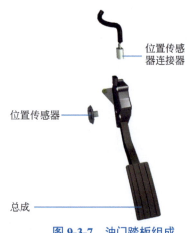

图 9-3-7 油门踏板组成

踏板位置传感器用于检测油门踏板位置,安装在油门踏板支架上。

(2) 油门踏板位置传感器的工作原理

施加在 ECM 端子 VPA1 和 VPA2 上的电压在 0～5V 之间变化,并与油门踏板(节气门)工作角度成比例。来自 VPA1 的信号,指示实际油门踏板开度(节气门开度),并用于发动机控制。来自 VPA2 的信号,传输 VPA1 电路的状态信息,并用于检查油门踏板位置传感器自身情况。

ECM 通过来自 VPA1 和 VPA2 的信号监视实际油门踏板开度(节气门开度),并根据这些信号控制节气门执行器(图 9-3-8)。

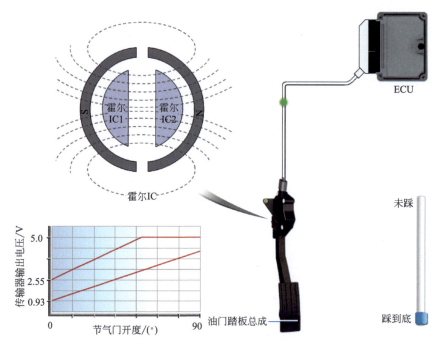

图 9-3-8 油门踏板位置传感器的工作原理

5. 涡轮增压器

(1) 发动机增压的作用

发动机的输出功率大小与单位时间内燃烧的可燃混合气的量有关。为了提高发动机的输出功率,一种方法是提高发动机的排量,另一种方法是提高发动机的转速。但是提高发动机排量的同时也增加了发动机的重量和尺寸。另外,高速时运动部件的摩擦、振动和噪声也使发动机转速的提高受到一定的限制。发动机增压可以在不改变发动机排量、尺寸等情况下提高发动机的功率输出。

发动机增压就是将空气预先压缩后再供入气缸,以提高空气密度,增加进气量。增压后的发动机进气量增加,可相应地增加循环供油量,从而可以增加发动机功率。同时,增压还可以提高燃油经济性，改善发动机排放。

目前发动机上采用的增压控制系统按照动力驱动方式不同可分为机械增压、涡轮增压、气波增压及复合增压四种方式。下面主要介绍涡轮增压。

（2）涡轮增压系统组成及原理

废气涡轮增压系统主要由涡轮增压器、中冷器、增压传感器、膜片驱动器、旁通阀等组成。涡轮增压系统利用发动机废气的能量推动废气涡轮增压器进行增压，不消耗发动机自身的能量（图 9-3-9）。

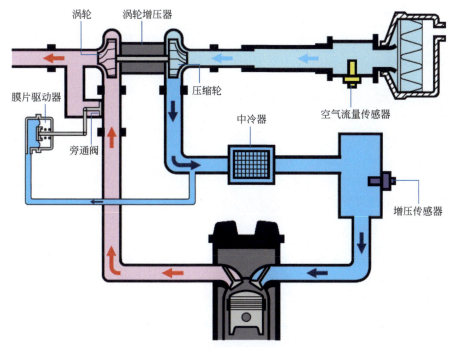

图 9-3-9　涡轮增压系统组成及原理

涡轮增压器的结构如图 9-3-10 所示。

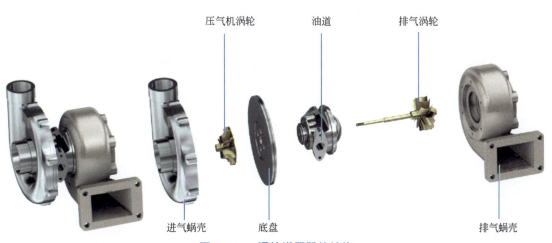

图 9-3-10　涡轮增压器的结构

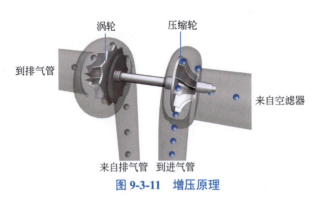

图 9-3-11 增压原理

（3）增压原理

压缩轮和涡轮连接在一个轴上，来自排气管的废气推动涡轮转动，涡轮通过连接轴带动压缩轮同步转动，来自空滤器的新鲜空气进入压缩轮的中部，空气在离心力的作用下沿压缩轮的叶片向外甩出，空气压力增高。发动机转速越高，废气流速越高，涡轮和压缩轮转速也越高，增压作用越强（图 9-3-11）。

由于涡轮处于排气的高温环境中（600～700℃以上），因此一般是用耐热的合金材料或者陶瓷材料制成的。

6. VVT 执行器

（1）VVT 系统的作用

VVT（Variable Valve Timing）是发动机可变气门正时系统。VVT 通过控制进气门开启角度提前或延迟来调节进气量、气门开合时间和角度，使进入的空气量达到最佳，提高燃烧效率，以达到低转速时进气量少、减少油耗，高转速时进气量大、增加动力的目的。

（2）VVT 系统组成

VVT 系统主要包括凸轮轴链轮、凸轮轴正时机油控制阀总成（OCV）和 ECU（图 9-3-12）。VVT 系统与凸轮轴系统组合装配，通过凸轮轴前端相位销定位组合，以 VVT 固定螺栓紧固。VVT 执行器就是 VVT 相位控制器、凸轮轴正时机油控制阀总成。

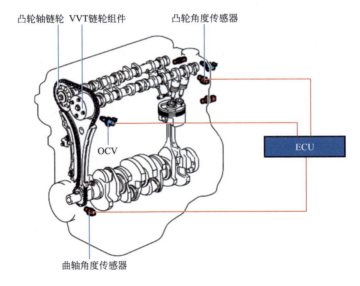

图 9-3-12　VVT 系统组成

❶ VVT 相位控制器。VVT 相位控制器实际上是一个摆动油缸，由叶片、壳体及正时齿轮、凸轮轴螺栓、端盖、密封胶条、片状弹簧、锁销弹簧等组成（图 9-3-13）。壳体与正

时齿轮用紧固件连成一体,与链条、曲轴链轮同步转动;叶片通过固定螺栓与进气凸轮轴固连在一起,叶片上有4个叶齿。外壳内加工有4个凹槽,叶片的4个叶齿嵌装在外壳的4个凹槽内。叶片的宽度小于外壳内凹槽的宽度,叶片与外壳装配后可在外壳的凹槽内来回转动。每个叶片将外壳内凹槽隔成两个工作腔,即"提前工作腔"和"延迟工作腔"。

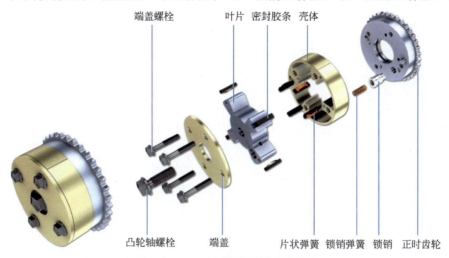

图 9-3-13　VVT 相位控制器的结构

❷ 凸轮轴正时机油控制阀总成(OCV)。凸轮轴正时机油控制阀总成的结构如图 9-3-14 所示,由电磁线圈、柱塞、滑阀、阀体等组成。凸轮轴正时机油控制阀总成的作用是根据发动机 ECM 的控制信号控制滑阀位置,从而控制油流是通往 VVT 相位控制器的提前工作腔还是延迟工作腔,并控制油流的流量。

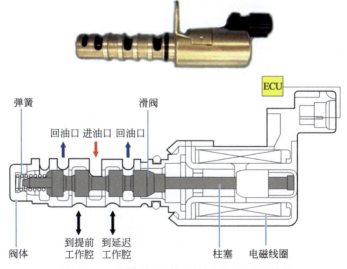

图 9-3-14　凸轮轴正时机油控制阀总成的结构

(3) VVT系统控制原理

发动机曲轴位置传感器、质量空气流量计、节气门体位置传感器、冷却液温度传感器、车速传感器和凸轮轴位置传感器等将信息传递给 ECU,ECU 根据这些信息与预定储存在 ECU 内部的参数值进行对比、修正,确立气门正时目标值,然后将计算出的目标值信号发送给凸轮轴正时机油控制阀总成（OCV），OCV 根据 ECU 信号调节 OCV 阀芯的位置，即改变液压流量，把提前、滞后、保持不变等信号以油压方式反馈至 VVT 相位控制器的不同油道上。VVT 相位控制器通过调整凸轮轴转动角度从而达到调整进气（排气）量和气门开合时间、角度，使进入的空气量达到最佳，提高燃烧效率（图 9-3-15）。

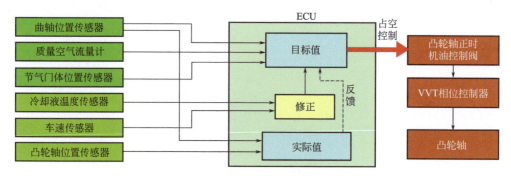

图 9-3-15　VVT 系统控制原理

（4）VVT 系统工作过程

❶ 配气正时提前。当凸轮轴正时机油控制阀总成的控制信号占空比大于 50% 时，滑阀向左移动量大，油压作用在叶片提前工作腔，油压推动叶片向配气正时提前方向转动（链轮旋转方向）（图 9-3-16 和图 9-3-17）。

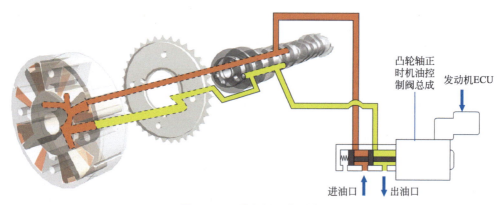

图 9-3-16　进气侧工作过程

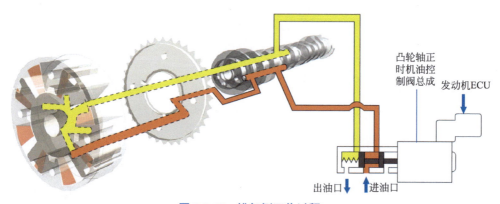

图 9-3-17　排气侧工作过程

❷ 配气正时延迟。当凸轮轴正时机油控制阀总成的控制信号占空比小于 50% 时，滑阀向左移动量小，油压作用在叶片延迟工作腔，油压推动叶片向配气正时延迟方向转动（链轮转动反方向）（图 9-3-18 和图 9-3-19）。

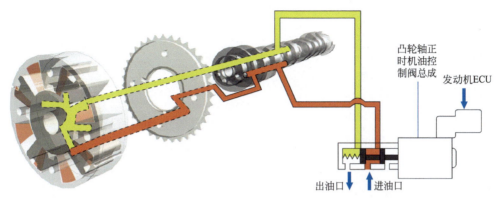

图 9-3-18　进气侧延迟位置

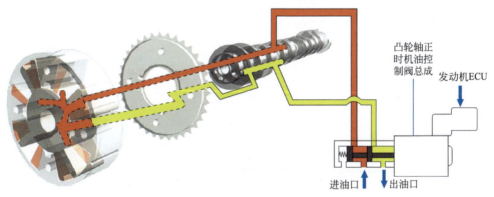

图 9-3-19　排气侧延迟位置

❸ 保持位置。当凸轮轴正时机油控制阀总成的控制信号占空比等于 50% 时，滑阀位于中间位置并同时关闭提前工作腔和延迟工作腔的油路，提前工作腔和延迟工作腔油压相等，此时叶片保持在目前的位置不动，配气正时不再变化（图 9-3-20）。

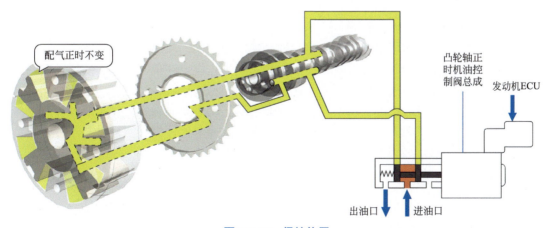

图 9-3-20　保持位置

7. 怠速空气控制阀

（1）怠速空气控制阀的类型

怠速空气控制阀是电脑用于控制发动机怠速转速的执行元件。按怠速空气控制方法可分为旁通空气道式和节气门直动式。按怠速空气控制阀的工作原理可分为步进电机式、旋转电磁阀式（图 9-3-21）和节气门直动式三种。

(a) 步进电机式　　(b) 旋转电磁阀式

图 9-3-21　怠速空气控制阀的类型

步进电机式、旋转电磁阀式怠速空气控制阀用于旁通式进气道，节气门直动式怠速空气控制阀通过直接改变节气门的开度，来调节怠速时的空气流量，从而控制怠速转速。

（2）怠速空气控制阀的结构

怠速空气控制阀由永磁转子、锥阀、调节螺杆、壳体、定子线圈、定位弹簧等组成的结构如图 9-3-22 所示。

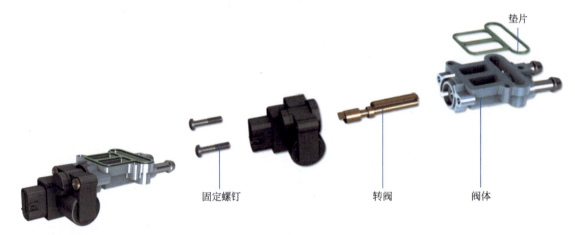

图 9-3-22　怠速空气控制阀的结构

（3）怠速空气控制阀的作用

怠速空气控制阀的作用是维持发动机怠速转速的稳定性，从而降低汽车怠速行驶时的燃油消耗量。在发动机启动时，通过将怠速空气控制阀预先设定在全开位置，使启动期间经过怠速空气控制阀的旁通空气量达到最大，让发动机更容易启动。

在发动机怠速运行时，若负荷增大，如接通空调、动力转向和液力变扭器等，则提高怠速转速，以防止发动机熄火；而在急减速的过程中，怠速空气控制阀应增大开度，以防止发动机失速。

（4）怠速空气控制阀的工作原理

怠速空气控制阀由点火开关供电，只要点火开关转至 ON 位置，怠速空气控制阀即通电，发动机 ECU 控制其电路搭铁。当发动机的工作参数偏离正常值时，便使用该阀来调整怠速转速。怠速转速是通过控制旁通节气门体的空气量来调整的。

发动机启动后，怠速空气控制阀开启一段时间，进气量增加，使发动机怠速转速提高150～300r/min。当发动机冷却液温度较低时，怠速空气控制阀开启，以获得适当的快怠速。发动机电脑根据不同的冷却液温度，通过改变传到怠速空气控制阀的信号强度来控制怠速空气控制阀转阀的位置（图9-3-23）。

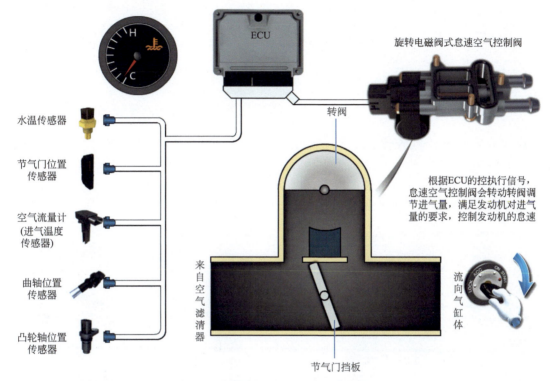

图 9-3-23　怠速空气控制阀的工作原理

8. 关键零件拆装

（1）进气歧管的拆装流程

❶ 拔下进气歧管下方的电气连接插头。
❷ 拆下喷油器（进气歧管）。
❸ 将连接插头和真空软管从进气歧管风门气流控制阀上拔下。
❹ 拆卸高压管路。

a. 必须给燃油系统泄压。
b. 用干净的布收集溢出的燃油。
c. 用洁净的盖帽密封打开的接头，确保无尘垢进入燃油系统。

❺ 将电气连接插头1从霍尔传感器G40上拔下（图9-3-24）。

❻ 将连接插头 1 从进气管风门电位计 G336 上拔下（图 9-3-25）。

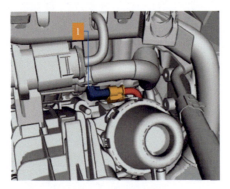

图 9-3-24　霍尔传感器 G40

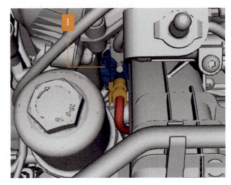

图 9-3-25　进气管风门电位计

❼ 将螺母 A 从进气歧管上拧下，然后用星形套筒扳手 T30-T10347 拧下螺栓（箭头）（图 9-3-26）。

❽ 轻轻将进气歧管从气缸盖上拔下，然后拧下支架 A 的螺钉（箭头）（图 9-3-27）。

❾ 将进气歧管从气缸盖上取下。

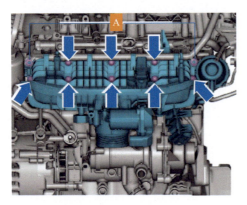

图 9-3-26　拆卸螺栓

图 9-3-27　拆卸支架

用干净的布密封进气口。

以相反顺序进行安装工作。

视频精讲

（2）节气门的拆装流程

❶ 从节气门控制单元上拔下电气连接插头 1（图 9-3-28）。

❷ 从下面拧出节气门控制单元的螺栓（箭头），然后拔下节气门控制单元（图 9-3-28）。安装按照与拆卸相反的顺序进行。

（3）涡轮增压器的拆装流程

❶ 断开蓄电池负极线。

❷ 排空冷却液。

❸ 拆下带尾气催化净化器的排气前管。
❹ 拆下空气滤清器壳体。
❺ 拆下发动机罩。
❻ 拆卸空气管。
❼ 拆卸冷却液水管。
❽ 拆下尾气催化净化器前的氧传感器 1。
❾ 拆下凸轮轴调节。
❿ 拆下隔热罩。
⓫ 脱开电气连接插头 1、3（图 9-3-29）。
⓬ 按下曲轴箱通气风软管上的脱开锁止卡 2，然后脱开软管（图 9-3-29）。

视频精讲

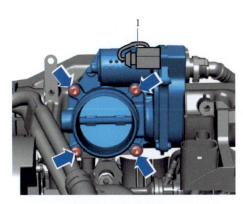

图 9-3-28　节气门

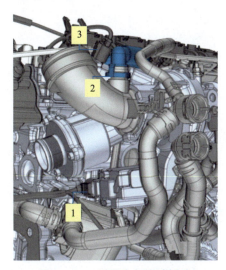

图 9-3-29　脱开电气连接插头

⓭ 拆下螺栓 1，松开螺栓 3（图 9-3-30）。
⓮ 拆下涡轮增压器托架 2（图 9-3-30）。
⓯ 拧下螺栓 1，然后拔下冷却液连接管（图 9-3-31）。
⓰ 拧下螺栓 2 和 3，然后拔下供油管路和回油管路（图 9-3-31）。
⓱ 松开软管夹（箭头）（图 9-3-31）。

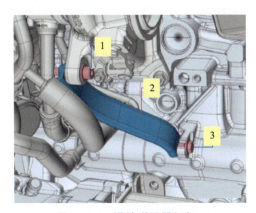

图 9-3-30　涡轮增压器托架

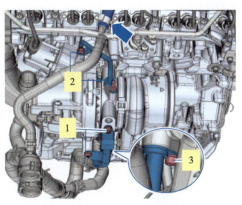

图 9-3-31　拔下冷却液连接管

⑱ 松开螺栓 1～3，然后拆下摆动支架（图 9-3-32）。
⑲ 拆卸螺母（箭头）（图 9-3-33）。
⑳ 将涡轮增压器从气缸盖拆下，然后向上将其取出。
安装大体以倒序进行。

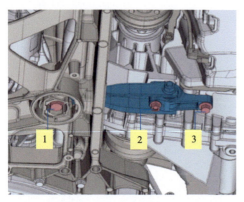

图 9-3-32　拆下摆动支架

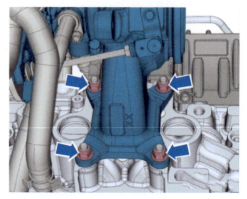

图 9-3-33　拆下涡轮增压器

第四节　电控点火系统

1. 概述

点火系统是汽油发动机的重要组成部分，点火系统的性能良好与否对发动机的功率、油耗和排气污染等影响很大。如果点火系统发生故障，就会影响到发动机的动力性、经济性和排气净化等性能，甚至会导致发动机不能工作（图 9-4-1）。

（1）点火系统的作用

汽油发动机气缸内可燃混合气在压缩行程终了时，采用高压电火花点火。因此，汽油发动机设置了点火系统，保证发动机在各种工况和使用条件下，气缸内都能适时、准确、可靠地产生电火花，点燃可燃混合气，使发动机运转，对外输出动力。电控点火系统主要实现以下控制：点火提前角的控制，通电时间的控制，爆燃的控制（图 9-4-2）。

（2）电控点火系统的组成

电控点火系统主要由传感器、ECU、执行器等组成（图 9-4-3）。传感器用来检测发动机的运行工况，主要传感器有发动机转速传感器、曲轴位置传感器、凸轮轴位置传感器、空气流量计、爆震传感器。ECU 的主要功能是根据各种传感器发送的信号，实施点火控制，主要包括点火提前角控制、通电时间控制和爆震控制。执行器包括点火模块和火花塞。点火模块驱动点火线圈工作，实现点火。

图 9-4-1　点火系统的组成

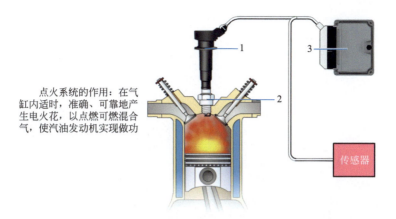

图 9-4-2　点火系统的作用

1—点火线圈；2—火花塞；3—ECU

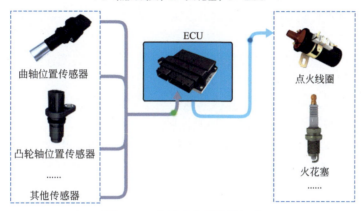

图 9-4-3　电控点火系统的组成

（3）电控点火系统的分类及其工作原理

根据高压配电方式不同，电控点火系统可分为单独点火方式点火系统和同时点火方式点火系统（图 9-4-4 和图 9-4-5）。

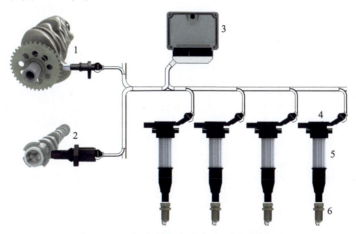

图 9-4-4　单独点火方式点火系统的组成

1—曲轴位置传感器；2—凸轮轴位置传感器；3—ECU；4—点火模块；5—点火线圈；6—火花塞

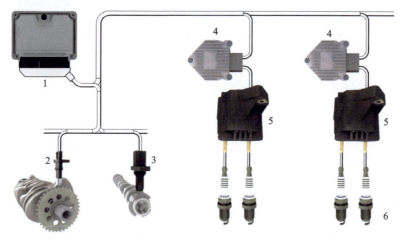

图 9-4-5 同时点火方式点火系统的组成

1—ECU；2—曲轴位置传感器；3—凸轮轴位置传感器；4—点火模块；5—点火线圈；6—火花塞

单独点火方式中，点火线圈直接与火花塞相连，一个点火线圈连接一个缸的火花塞，无高压线，由电脑控制点火顺序（图 9-4-6）。

双缸同时点火方式点火系统中，点火线圈的高压线直接与火花塞相连，一个点火线圈连接两个缸的火花塞，两缸工作相位相差 360° 曲轴转角。

当一缸工作接近压缩行程上止点时，另一缸接近排气行程上止点，点火时，两缸的火花塞同时"跳火"，其中，工作于排气行程的气缸点火是无效点火，工作于压缩行程的气缸点火是有效点火（图 9-4-7）。

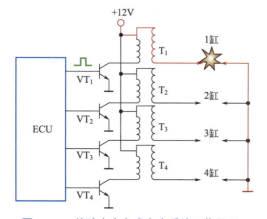

图 9-4-6 单独点火方式点火系统工作原理

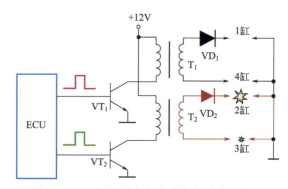

图 9-4-7 双缸同时点火方式点火系统工作原理

2. 点火线圈和火花塞

（1）点火线圈的结构与工作原理

点火装置的核心部件是点火线圈和开关装置，如图 9-4-8 所示为单独点火方式用点火线圈。

视频精讲

第九章　发动机电控系统

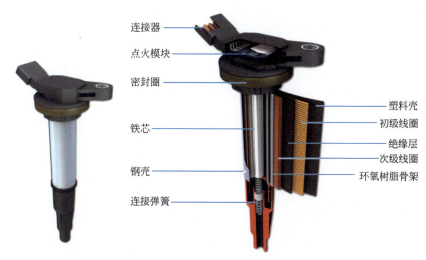

图 9-4-8　单独点火方式用点火线圈

点火模块和点火线圈形成一个点火组件，单独点火方式点火系统中，每个气缸独立使用一个点火模块，各缸点火线圈的初级绕组分别由点火器中的一个功率三极管控制，整个点火系统的工作由 ECU 控制。

点火模块接收 ECU 的点火控制信号，当某缸的控制信号为低电平时，点火器中对应此缸的功率晶体管导通，点火线圈通电；当某缸的控制信号变为高电平时，对应的三极管截止，磁场迅速消失，线圈中的电流被切断，次级绕组产生高压电，高压电送至火花塞跳火（图 9-4-9）。

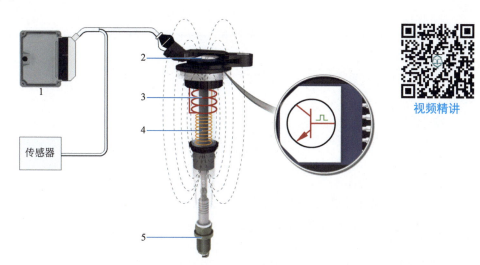

图 9-4-9　单独点火方式用点火线圈工作原理
1—ECU；2—点火模块；3—初级线圈；4—次级线圈；5—火花塞

（2）火花塞的作用

火花塞的作用是将点火线圈产生的脉冲高电压引入燃烧室，并在其两电极之间产生电火花，以点燃可燃混合气（图 9-4-10）。

181

（3）火花塞的结构

火花塞连接在点火线圈次级绕组末端，它主要由陶瓷绝缘体、接线螺杆、接线螺母、中心电极、侧电极等组成。钢质的火花塞壳体内部固定有陶瓷绝缘体，绝缘体中心孔上部有金属接线螺杆，接线螺杆上端有接线螺母，用来接高压导线；绝缘体下部有中心电极（图9-4-11）。

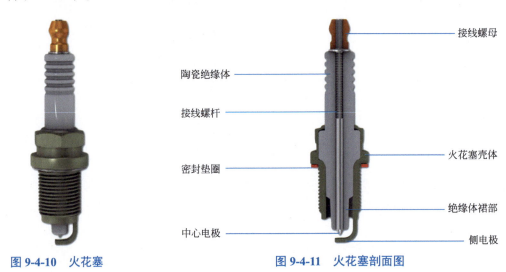

图9-4-10　火花塞　　　　图9-4-11　火花塞剖面图

（4）火花塞常见故障

发动机运转过程中，火花塞除了承受较大的电负荷外，还与高温、高压燃气直接接触，且受到燃烧产物的强烈腐蚀。正常情况下，火花塞绝缘体端部呈浅褐（灰）色，表面没有燃油或机油沉积物，说明热值正确且点火正常。因火花塞属于汽车易损件消耗用品，且受燃油品质、自身工艺质量、工作环境等影响，使用中故障率较高，现列举其常见的几种故障如下。

❶ 积炭。

现象：火花塞上有松软、乌黑的沉积物，表明有积炭（图9-4-12）。

原因：

a. 可燃混合气比例不正确、空气滤清器堵塞等造成的混合气过浓。

b. 发动机温度过低，燃烧不完全。

c. 燃油质量太差或变质，燃烧不正常。

d. 火花塞太冷、热值太低。

后果：积炭是可以导电的，可能造成火花塞失火。

❷ 机油油污。

现象：火花塞电极和内部出现油性沉积物，表明机油进入燃烧室内（图9-4-13）。

原因：个别火花塞上有油性沉积物，可能是气门杆油封损坏造成的；各个缸体的火花塞都粘有这种沉积物，则说明气缸蹿油。空气滤清器和通风装置堵塞，气缸极易出现蹿油。

后果：机油沉积物覆盖火花塞会使火花塞无法通过间隙跳火，而是通过机油从更短的路径跳火到侧电极。

图 9-4-12　积炭　　　　　　　　　图 9-4-13　火花塞上有油性沉积物

❸积灰。

现象： 火花塞中心电极及侧电极表面覆盖有浅褐色沉积物（图 9-4-14）。

原因： 积灰是由于过多的机油添加剂引起的。积灰若出现在火花塞半边，说明发动机上部磨损严重。若积灰包围电极，说明发动机下部磨损严重。

后果： 积灰可引起自点火，造成功率损失或损坏发动机。

❹爆震。

现象： 绝缘体顶端破裂（图 9-4-15）。

图 9-4-14　火花塞积灰　　　　　　图 9-4-15　火花塞爆震

原因： 爆震燃烧是绝缘体破裂的主要原因。点火时刻过早、汽油辛烷值低、燃烧室内温度过高都可能导致发动机爆震燃烧。

后果： 相同的振动也会损坏其他发动机零部件，如活塞和气门。

❺瓷件大头爬电。

现象： 绝缘体上出现垂直于铁壳方向的黑色燃烧痕迹（图 9-4-16）。

原因： 由于安装不好或火花塞连接线套老化，导致点火高压沿着瓷体外部闪络接地。

后果： 导致发动机失火。

因此，检修火花塞对于判断发动机运转情况显得尤为必要，其检修内容主要包括：检查电火花、检查火花塞电极、检查火花塞电极间隙（中心电极和侧电极的空气间隙）。

3. 曲轴位置传感器

曲轴位置传感器又称发动机转速与曲轴转角传感器，安装在曲轴的前部、中部或飞轮上，是控制点火时刻、确认曲轴位置不可或缺的信号源（图9-4-17）。

图 9-4-16　火花塞瓷件大头爬电

图 9-4-17　曲轴位置传感器
1—ECU；2—曲轴；3—曲轴位置传感器

（1）曲轴位置传感器的作用

曲轴位置传感器的作用是采集曲轴转动角度信号、曲轴位置信号和发动机转速信号，并将这些信号输入ECU，ECU用此信号控制燃油喷射量、喷油正时、点火时刻（点火提前角）、点火线圈通电时间、怠速转速及电动汽油泵的运行等（图9-4-18）。

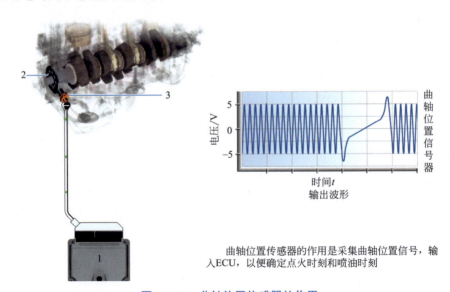

图 9-4-18　曲轴位置传感器的作用
1—ECU；2—曲轴；3—曲轴位置传感器

曲轴位置传感器产生发动机转速信号,用来决定基本喷油量和基本点火提前角;曲轴位置传感器产生曲轴基准位置信号,用以计算曲轴转角,判定曲轴(或活塞)位置。

(2)曲轴位置传感器的类型和结构

曲轴位置传感器是发动机电子控制系统中最重要的传感器之一,可分为磁感应式、霍尔式和光电式三种(图9-4-19)。其中最常用的是磁感应式曲轴位置传感器和霍尔式曲轴位置传感器。

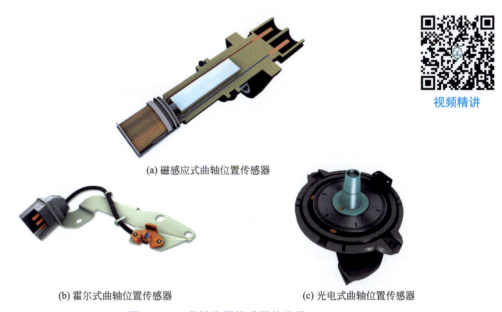

(a)磁感应式曲轴位置传感器

(b)霍尔式曲轴位置传感器　　(c)光电式曲轴位置传感器

图 9-4-19　曲轴位置传感器的分类

磁感应式曲轴位置传感器主要由铁芯、永久磁铁、连接器针脚、线圈、壳体、密封圈等组成。其中永久磁铁上带有一个传感器磁头,传感器磁头与导磁板连接构成导磁回路(图9-4-20)。

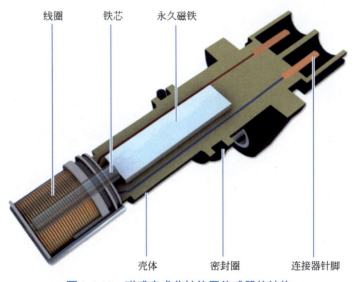

图 9-4-20　磁感应式曲轴位置传感器的结构

霍尔式曲轴位置传感器主要由永久磁铁、连接器、霍尔元件、导磁软铁、连接支架等组成（图 9-4-21）。

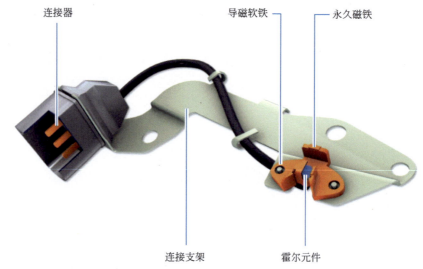

图 9-4-21　霍尔式曲轴位置传感器的结构

（3）曲轴位置传感器的工作原理

磁感应式曲轴位置传感器利用信号转子产生脉冲信号。信号转子凸齿靠近磁极时，磁阻变小，磁通量变大；信号转子凸齿远离磁极时，磁阻变大，磁通量变小。信号转子的凹槽随曲轴旋转到与传感器相对的位置时，使通过传感器内线圈的磁通量发生瞬时变化，产生交变电信号，从而通过线圈产生感应电动势，向 ECU 提供输出电压信号（图 9-4-22）。

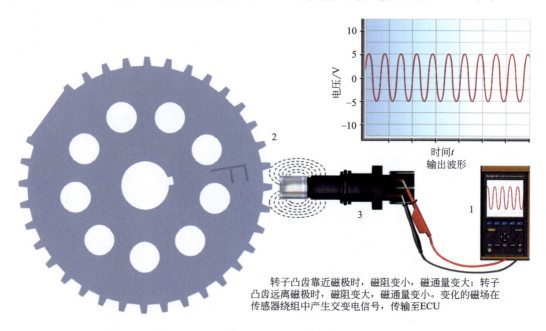

图 9-4-22　磁感应曲轴位置传感器的工作原理

1—示波器；2—信号转子；3—曲轴位置传感器

霍尔式曲轴位置传感器利用触发叶片改变通过霍尔元件的磁场强度,从而使霍尔元件产生脉冲的霍尔电压信号,经过放大整形后即为曲轴位置传感器的磁场信号(图9-4-23)。

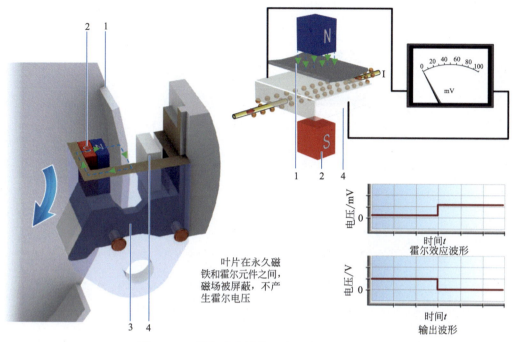

图9-4-23　霍尔式曲轴位置传感器的工作原理

1—叶片；2—磁铁；3—软铁；4—霍尔元件

4. 凸轮轴位置传感器

(1) 凸轮轴位置传感器的作用

凸轮轴位置传感器(图9-4-24)是用来检测凸轮轴位置的一个信号装置,是点火主控制信号,一般安装在凸轮轴罩盖前端对着进排气凸轮轴前端的位置。

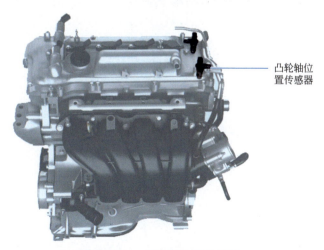

图9-4-24　凸轮轴位置传感器

凸轮轴位置传感器的作用是采集凸轮轴位置信号，并将信号输入 ECU。采集到的信号是发动机 ECU 的判缸信号，用来确定哪个气缸处于压缩状态。凸轮轴位置传感器与曲轴位置传感器配合工作，使发动机 ECU 能准确判定活塞上止点位置，从而精确地进行喷油控制、点火正时控制及配气正时控制等（图 9-4-25）。

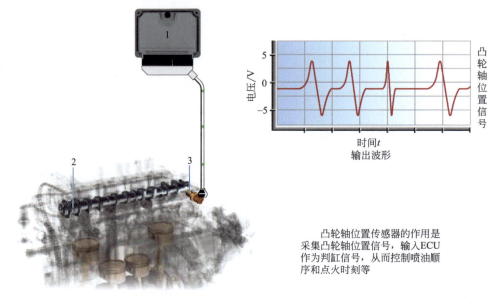

图 9-4-25　凸轮轴位置传感器的作用
1—ECU；2—凸轮轴；3—凸轮轴位置传感器

（2）凸轮轴位置传感器的结构

与曲轴位置传感器类似，凸轮轴位置传感器也可以分为三种：霍尔式凸轮轴位置传感器、光电式凸轮轴位置传感器和电磁式凸轮轴位置传感器，其中常用的是霍尔式凸轮轴位置传感器。

霍尔式凸轮轴位置传感器主要由霍尔 IC、连接器针脚、壳体、密封圈等组成（图 9-4-26）。

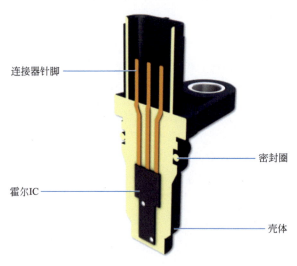

图 9-4-26　霍尔式凸轮轴位置传感器结构

（3）凸轮轴位置传感器的工作原理

霍尔式凸轮轴位置传感器是利用触发叶片改变通过霍尔元件的磁场强度，从而使霍尔元件产生脉冲的霍尔电压信号，经过放大整形后即为凸轮轴位置传感器的磁场信号（图9-4-27）。

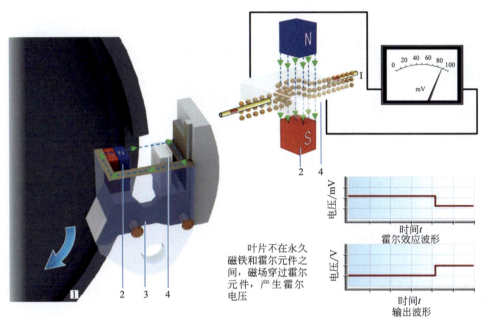

图 9-4-27　霍尔式凸轮轴位置传感器工作原理
1—叶片；2—磁铁；3—软铁；4—霍尔元件

5. 爆震传感器

（1）爆震传感器的作用

发动机的爆震是指发动机气缸内的可燃混合气在火焰前锋尚未到达之前自行燃烧，导致压力急剧上升而引起缸体振动的现象。在发动机工作的临界点或有轻微爆震时，发动机热效率最高，动力性和经济性最好，但剧烈的爆震会使发动机的动力性和经济性严重下降。

爆震传感器安装在发动机缸体上，通过检测发动机缸体的振动，判断有无爆震发生及爆震强度，并将发动机爆震信号转换为电信号输入发动机ECU，以便ECU修正点火提前角，其目的是为了提高发动机动力性能的同时不产生爆震。

（2）爆震传感器的分类

爆震传感器主要有磁致伸缩式和压电式两种，而压电式爆震传感器又分为共振型爆震传感器和非共振型爆震传感器（图9-4-28）。

磁致伸缩式爆震传感器是一种电感式传感器，利用电磁感应把被测的物理量（如振动、压力、位移等）转换成线圈的自感系数和互感系数的变化。再由电路转换为电压或电流的变化量输出，实现非电量到电量的转换。磁致伸缩式爆震传感器主要由铁芯、永久磁铁、感应线圈、伸缩杆及外壳等组成（图9-4-29）。

   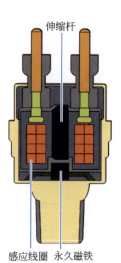

(a) 磁致伸缩式爆震传感器　(b) 共振型压电式爆震传感器　(c) 非共振型压电式爆震传感器

图 9-4-28　爆震传感器分类

图 9-4-29　磁致伸缩式爆震传感器的结构

压电式爆震传感器利用压电效应原理制成。凡是能变换为力的动态物理量，如压力、加速度等，均可用其进行检测（图 9-4-30 和图 9-4-31）。下面主要讲解非共振型压电式爆震传感器的结构和工作原理。

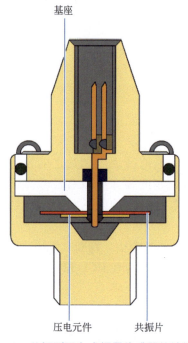 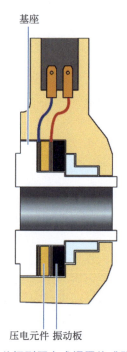

图 9-4-30　共振型压电式爆震传感器的结构（一）

图 9-4-31　共振型压电式爆震传感器的结构（二）

（3）非共振型压电式爆震传感器的结构和工作原理

非共振型压电式爆震传感器由压电陶瓷、振动板、压板、基座、连接器针脚、外壳等组成（图 9-4-32），它实际是一种加速度传感器，以接收加速度信号的形式来检测爆震。

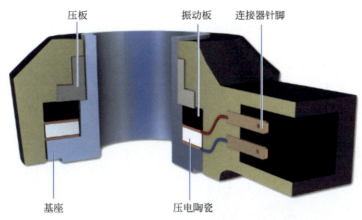

图 9-4-32　非共振型压电式爆震传感器的结构

当发动机产生爆震时，发动机缸体出现振动，爆震传感器的壳体与振动板之间产生相对运动，夹在壳体与振动板之间的压电陶瓷所受的压力发生变化，利用压电陶瓷的压电效应将振动转化为电压信号输入 ECU，ECU 根据输入信号判断发动机有无爆震及爆震的强度。通过控制点火时刻防止爆震，有爆震则推迟点火时刻，无爆震则提前点火时刻，使点火时刻在任何工况都保持最佳值，即实现爆震控制（图 9-4-33）。

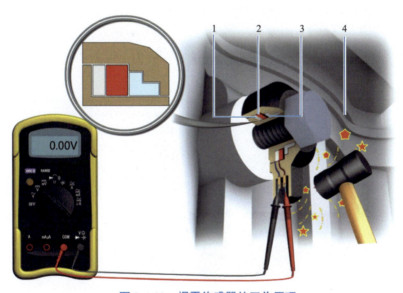

图 9-4-33　爆震传感器的工作原理

1—压电陶瓷；2—振动板；3—压板；4—缸体

视频精讲

6. 点火线圈拆装流程

点火线圈可以在发动机暖机时方便地拔出。当发动机暖机时，安装点火线圈时使用的油脂便于拆下点火线圈或火花塞插头。

（1）拆卸

❶ 拆卸发动机罩。
❷ 拧下螺母（箭头），取下接地线（图9-4-34）。
❸ 拧下螺栓（箭头）（图9-4-34）。
❹ 松开插头，将插头1～4同时从点火线圈上拔下（图9-4-35）。

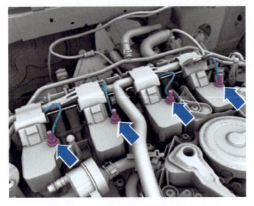

图9-4-34　取下接地线

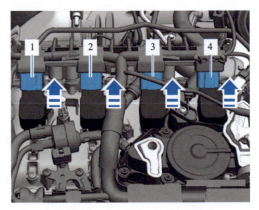

图9-4-35　拆下点火线圈插头

❺ 将拔出器T10530插入点火线圈的开孔1中（图9-4-36）。
❻ 顺时针旋转滚花螺母2，直至拔出器固定住（图9-4-36）。
❼ 用拔出器T10530小心地将点火线圈向上垂直拉出（图9-4-37）。

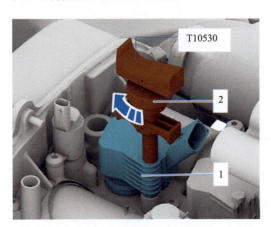

图9-4-36　安装拔出器T10530

（2）组装带功率输出级的点火线圈和火花塞插头

❶ 用手将火花塞插头1插到点火线圈上至极限位置（图9-4-38）。
❷ 此时排气道2必须相对插头壳3处于居中位置（图9-4-38）。
❸ 在点火线圈的密封软管四周涂覆一层薄薄的润滑膏G 052 141 A2，其厚度必须为1～2mm。
❹ 将所有点火线圈插入火花塞孔内。
❺ 用手将点火线圈均匀地压到火花塞上（绝不能使用敲击工具）。

❻ 以 10N·m 的力矩拧紧点火线圈。

图 9-4-37 拆下点火线圈

图 9-4-38 点火线圈

第五节 排放控制系统

1. 概述

排放控制系统的功用是减少汽车排放废气中的有害气体排入大气。排放控制系统主要包括曲轴箱强制通风（PCV）系统、燃油蒸发排放控制（EVAP）系统、三元催化转换（TWC）系统以及废气再循环（EGR）系统四个系统。排放控制系统的功用及组成见图 9-5-1。

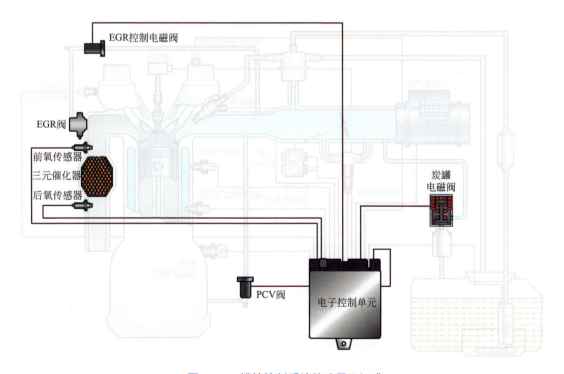

图 9-5-1 排放控制系统的功用及组成

2. 曲轴箱通风

（1）曲轴箱强制通风系统的作用

在发动机工作时，一部分可燃混合气和燃烧后的废气经活塞环与气缸内壁之间的间隙窜入曲轴箱内。窜入曲轴箱内的混合气凝结后将稀释机油，使机油性能变差。混合气内含有水蒸气和二氧化硫，水蒸气凝结在机油中形成泡沫，破坏机油供给，这种现象在冬季尤为严重；二氧化硫遇水生成亚硫酸，亚硫酸遇到空气中的氧生成硫酸，这些酸性物质的出现不仅使机油变质，而且会使零件受到腐蚀。另外，由于可燃混合气和废气窜入曲轴箱内，曲轴箱内的压力将增大，如果不通风，机油会从油封、气缸垫等处压出。但是如果将这些混合气直接排到大气中，又会污染环境。

为了使发动机曲轴箱既能通风又不污染环境，发动机装有曲轴箱强制通风系统（Positive Crankcase Ventilation，PCV），它将进入曲轴箱的混合气导入进气歧管重新燃烧，不仅提高了发动机的经济性，而且还减轻了发动机的排放污染，因此在现代汽车发动机上广泛使用。

发动机曲轴箱强制通风系统的作用是：防止机油变质；防止曲轴油封、曲轴箱衬垫渗漏；防止泄漏的混合气污染环境。

（2）曲轴箱强制通风系统的组成

曲轴箱强制通风系统由 PCV 阀和通气软管组成。一根通气软管连接节气门前方通气孔和气缸盖之间，向曲轴箱补充新鲜空气；另一根通气软管连接在节气门后方真空连接管和气缸盖之间，依靠进气管的真空将曲轴箱内部的混合气吸入进气管。PCV 阀根据节气门后方真空度的变化控制吸入进气管泄漏混合气的量（图 9-5-2）。

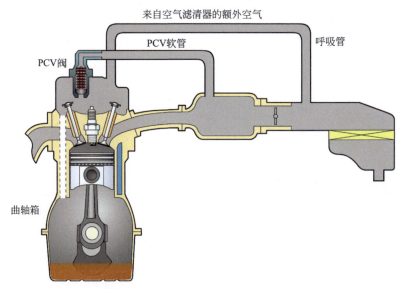

图 9-5-2　曲轴箱强制通风系统的组成

PCV 阀是曲轴箱强制通风系统中最重要的部件，它安装在气缸盖和节气门后方之间的通气管路中，由锥形阀体、弹簧和壳体等组成（图 9-5-3）。

PCV 阀控制曲轴箱内混合气流入进气管的量，同时防止气体或火焰反向流动。

（3）曲轴箱强制通风系统的工作原理

发动机低速小负荷工况时，曲轴箱内窜入的混合气多，使曲轴箱内压力增大，在真空度控制下，PCV 阀打开，将混合气抽进气缸再次燃烧（图 9-5-4）。

发动机高速大负荷时，曲轴箱内窜入的混合气少，在真空度控制下 PCV 阀打开，将混合气抽进气缸再次燃烧，同时，有空气从呼吸管进入曲轴箱，防止曲轴箱产生负压（图 9-5-5）。

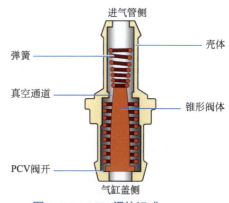

图 9-5-3　PCV 阀的组成

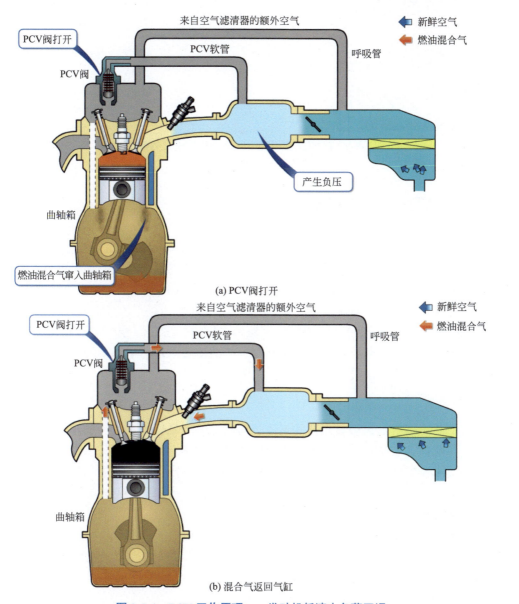

图 9-5-4　PCV 工作原理——发动机低速小负荷工况

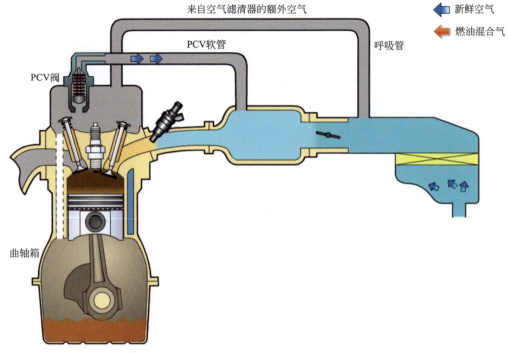

图 9-5-5　PCV 工作原理——发动机高速大负荷工况

3. 氧传感器和三元催化器

（1）氧传感器的作用

轿车上一般安装有前氧传感器和后氧传感器。前氧传感器安装在发动机排气管和三元催化器之间，主要用于修正喷油量；后氧传感器也称为空燃比传感器，安装在三元催化器之后，用于监视三元催化器的工作状况。

氧传感器用来检测废气中氧的浓度并转换为电信号，将此信号反馈给 ECU，ECU 据此判断可燃混合气的浓度，调节喷油量。可燃混合气的浓度偏稀时增加喷油量，偏浓时减少喷油量，使可燃混合气浓度接近理论值（空燃比为 14.7）。

（2）氧传感器的结构

常见的氧传感器有加热型氧化钛式氧传感器和加热型氧化锆式氧传感器（图 9-5-6）。

加热型氧化钛式氧传感器主要由二氧化钛元件、加热元件、通气孔、陶瓷管、连接器针脚等组成（图 9-5-7），其中加热元件采用热敏电阻，其上绕有钨丝并引出两个电极直接与汽车电源（12～14V）相通，用于对二氧化钛进行加热，使氧化钛式氧传感器迅速到达工作温度而投入工作。

加热型氧化锆式氧传感器主要由锆管、内电极、外电极、加热元件、连接器针脚等组成（图 9-5-8）。其中加热元件采用热敏电阻，其上绕有钨丝并引出两个电极直接与汽车电源（12～14V）相通，用于对锆管进行加热，使氧化锆式氧传感器迅速到达工作温度而投入工作（图 9-5-9）。

第九章 发动机电控系统

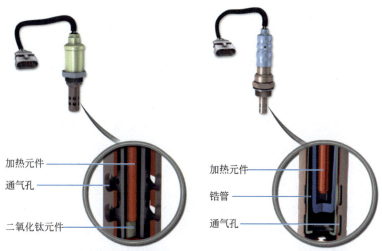

(a) 加热型氧化钛式氧传感器　　(b) 加热型氧化锆式氧传感器

图 9-5-6　氧传感器的分类

图 9-5-7　加热型氧化钛式氧传感器的结构

图 9-5-8　加热型氧化锆式氧传感器的结构

（3）氧传感器工作原理

以氧化锆式氧传感器为例，二氧化锆为一种固体电解质，在高温下，氧离子在其内部能够扩散和渗透。当氧化锆管的内外侧表面分别接触到不同密度的氧时，氧化锆物质中的氧离子便从内向外扩散，产生电动势，管内外侧的铂电极便产生电压。

在高温及铂的催化下，废气中带负电的氧离子吸附在氧化锆套管的内外表面上，由于大气中的氧气比废气中的氧气多，套管上与大气相通一侧比废气一侧吸附更多的负离子，两侧离子的浓度差产生电动势，使铂电极产生电压信号，此电压信号在输入回路的比较器中与基准电压对比，以0.45V以上为1、以0.45V以下为0输入汽车ECU中处理，ECU把高电压信号视作浓混合气，把低电压信号视作稀混合气。根据氧传感器的电压信号，ECU按照尽可能接近14.7∶1的最佳空燃比来稀释或加浓混合气。

排气管废气中氧气含量增加时，锆管内外表面之间的电压差减小，氧传感器输出低电压信号（＜0.45V），反馈给ECU的是混合气稀信号，ECU将增加喷油脉宽（图9-5-9）。

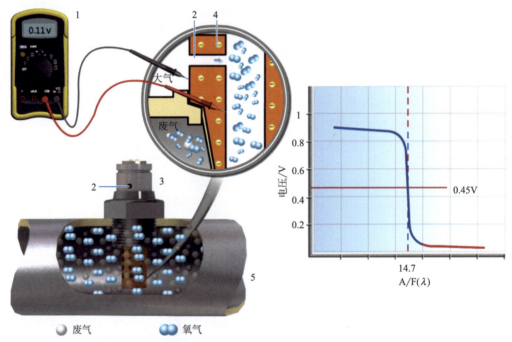

图9-5-9　氧化锆式氧传感器工作原理（空燃比大于14.7）
1—万用表；2—大气孔；3—氧传感器；4—锆管；5—排气管

排气管废气中氧气含量减少时，锆管内外表面之间的电压差增加，氧传感器输出高电压信号（＞0.45V），反馈给ECU的是混合气浓信号，ECU将减少喷油脉宽（图9-5-10）。

4. 三元催化器（TWC）

三元催化器（TWC）是安装在汽车排放控制系统中最重要的机外净化装置，它可将汽车尾气排出的CO、HC和NO_x等有害气体通过氧化和还原作用转变为无害的二氧化碳、水和氮气。由于这种催化器可同时将废气中的三种主要有害物质转化为无害物质，故称"三元"（图9-5-11）。

第九章 发动机电控系统

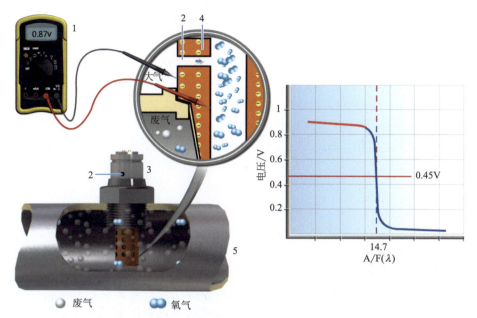

图 9-5-10 氧化锆式氧传感器工作原理（空燃比小于 14.7）
1—万用表；2—大气孔；3—氧传感器；4—锆管；5—排气管

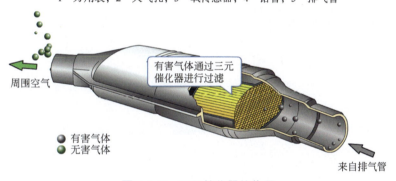

图 9-5-11 三元催化器的作用

三元催化器主要由外壳、金属网、带蜂窝状小孔的陶瓷块、分流器等组成（图 9-5-12）。

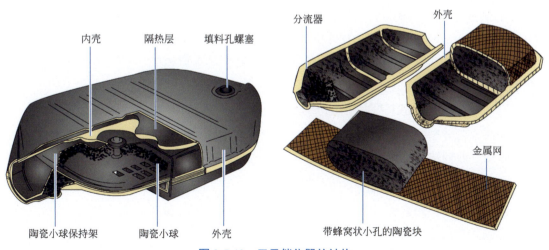

图 9-5-12 三元催化器的结构

三元催化器可以将有害物质转化为无害物质，其转化过程中的化学反应主要有氧化反应和还原反应两种。有害成分按照下面的步骤被转化。

首先，三元催化器利用内含的贵重金属铑（Rh）作催化剂，氮氧化物和CO发生还原反应生成N_2、CO_2和O_2，化学反应式如下。

$$2NO+2CO = N_2+2CO_2$$
$$2NO_2+2CO = N_2+2CO_2+O_2$$

其次，在铂（Pt）或钯（Pd）催化剂的催化下，CO和HC与氧气发生氧化反应，产生CO_2和H_2O，化学反应式如下。

$$2CO+O_2 = 2CO_2$$
$$2C_2H_6+7O_2 = 4CO_2+6H_2O$$

氧化过程需要的氧气来源于不完全燃烧后在废气中残余的氧气，还有一部分来源于氮氧化物还原反应中生成的氧气。

实际上，上述化学反应在正常的环境下也能够自发地进行，但其转化速率和转化效率很有限。依靠自发进行的化学反应无法达到现代汽车排放污染控制法规的要求。而在三元催化转化器的反应床表面上，在常规的发动机排气温度和催化剂的作用下，上述化学反应的速率和效率被大大增强了。

5. 燃油蒸发排放控制系统

（1）燃油蒸发排放控制系统的作用

燃油蒸发排放控制系统，又叫汽油蒸气排放控制系统，是汽车发动机辅助控制系统之一，也是汽车发动机排放控制系统之一。

由于汽油具有较强的挥发性，因此，由于温度及环境压力的变化，汽车在使用过程中容易造成汽油的挥发和泄漏，从而引起环境污染和燃油的浪费。在下列条件下会有更多的燃油蒸气从燃油箱释放到大气中。

❶当燃油箱中的燃油温度变高时，或者是由于外界环境温度的升高，或者是由于从发动机燃油系统回油管流回的被发动机加热过的燃油。

❷当环境压力降低时，例如在山区中上山时。

为了满足法规对HC的排放要求，车辆上装备了燃油蒸发控制系统（Evaporative Emission Control，EVAP）。EVAP可将燃油箱内的燃油蒸气暂时存储在活性炭罐中，并在合适的工况下经进气管吸入燃烧室内部烧掉，一方面避免了泄漏产生的环境污染；另一方面节约了燃油。

（2）燃油蒸发排放控制系统的组成

燃油蒸发排放控制系统主要由活性炭罐、空气流量计、活性炭罐电磁阀、电子节气门、水温传感器、曲轴转速传感器、喷油器等部件组成（图9-5-13）。

（3）燃油蒸发排放控制系统的工作原理

燃油蒸发排放控制系统工作时，油箱的燃油蒸气通过单向阀进入活性炭罐，空气从活性炭罐上部进入清洗活性炭。在活性炭罐左下方有一定量排放小孔及受ECU控制的排放控制阀，怠速、低温、加速工况时，电磁阀关闭（图9-5-14）。

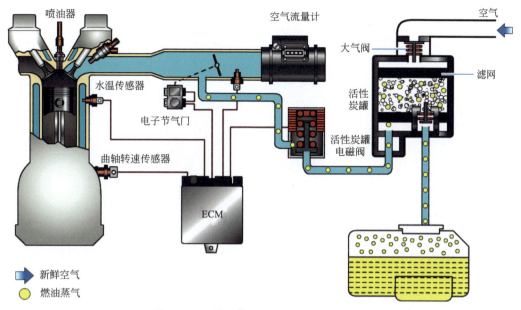

图 9-5-13 燃油蒸发排放控制系统的组成

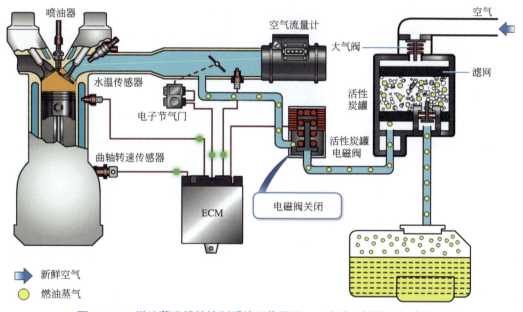

图 9-5-14 燃油蒸发排放控制系统工作原理——怠速、低温、加速工况

中、高速工况时，电磁阀开启（图 9-5-15）。

6. 废气再循环系统

（1）废气再循环系统（EGR）的作用

发动机燃烧产生的有害成分 NO_x 是空气中的氮气与氧气在高温、富氧条件下形成的，燃烧温度越高、混合气越稀，排出的 NO_x 量越多。NO_x 的排放量与燃烧温度的关系如图 9-5-16 所示。

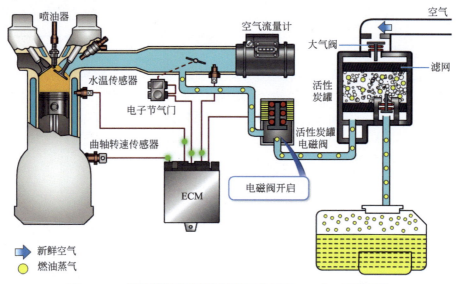

图 9-5-15　燃油蒸发排放控制系统工作原理——中、高速工况

由图 9-5-16 可知，若能适当减低燃烧时的最高温度，就可以减少 NO_x 的排放量。

废气再循环系统（Exhaust Gas Recirculation，EGR）是机外净化技术的一种，它将适量的废气引入气缸内参加燃烧，从而降低气缸内的最高温度，以减少 NO_x 的排放量。

为了保证发动机正常工作和性能不受过多影响，必须根据发动机工况的变化，控制废气再循环的量。过量的废气将使发动机的燃烧恶化以及动力性、经济性下降。因此，废气再循环的量要严格控制，且在某些特殊工况下，需要关闭废气再循环。

通常用 EGR 率来表示废气再循环的量，是进入气缸的废气量占总进气量的百分比。如图 9-5-17 所示为 EGR 率与发动机性能的关系，一般情况下，EGR 率控制在 10%～20% 的范围内较为合适。

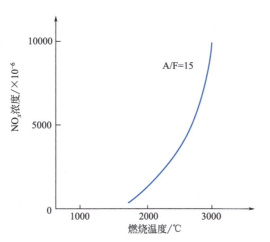

图 9-5-16　NO_x 的排放量与燃烧温度的关系

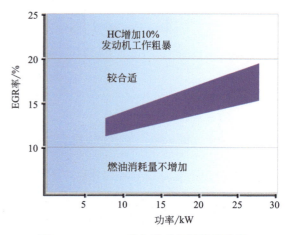

图 9-5-17　EGR 率与发动机性能的关系

（2）废气再循环系统的分类

根据废气进入气缸是否通过发动机的进气系统，EGR 可分为内部废气再循环和外部废

气再循环。

按照废气再循环系统的控制方式，EGR 可分为机械式和电子控制式。

机械式废气再循环系统控制精度低，在早期的车辆上应用较多，现在很少采用。电子控制式废气再循环系统又可根据有无反馈环节分为开环控制式 EGR 和闭环控制式 EGR。

（3）废气再循环系统的工作原理

开环控制式 EGR 的组成如图 9-5-18 所示。开环控制式 EGR 中有 EGR 率可变式和 EGR 率不可变式两种类型，现以开环控制式 EGR（EGR 率不变）为例，介绍废气再循环系统的工作原理。

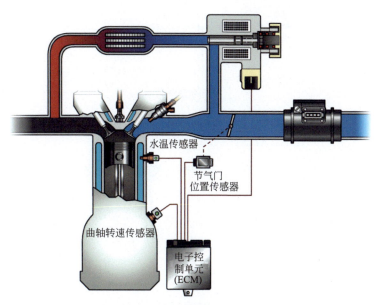

图 9-5-18　开环控制式 EGR 的组成

❶ 发动机启动时。启动时需要较浓的混合气，而此时进入气缸的混合气较少，若再使废气进入进气系统，则会使混合气更稀，启动更加困难，因此在启动时 ECU 关闭 EGR 阀，EGR 阀膜片上方没有真空吸力，EGR 阀关闭废气再循环通道，废气再循环系统不工作。

❷ 节气门开关接通时。该发动机节气门上有两个开关：怠速开关和功率开关，分别反映怠速或大负荷工况。在怠速时，进入气缸的混合气较少，若此时废气进入气缸，则会使怠速时混合气不能正常燃烧，造成怠速抖动，严重时发动机会熄火；在大负荷工况时，发动机需要大功率，此时废气再循环会减小发动机的最大输出功率。因此在节气门怠速开关和功率开关接通时，废气再循环系统停止工作。

❸ 发动机温度低时。发动机温度低时需要加浓混合气，而废气再循环则会稀释混合气，造成燃烧室内的不正常燃烧，影响发动机的正常工作；另外发动机低温时，NO_x 排放量较少。因此在发动机温度低时，废气再循环系统不工作。

❹ 当发动机转速低于 900r/min 时，发动机到达最低稳定运转转速，若转速继续降低，则发动机会熄火，因此应停止废气再循环系统的工作。

❺ 当发动机转速高于 3200r/min 时，发动机处于大负荷工况，需要输出大功率以满足工作需要，因此应停止废气再循环系统的工作，以增大发动机的输出功率（图 9-5-19）。

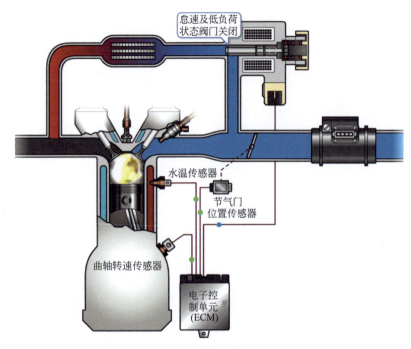

图 9-5-19　EGR 阀门关闭时废气再循环系统不工作

❻ 除去上述各工况外，ECU 打开 EGR 阀，节气门后方的真空度加到 EGR 阀膜片上方，膜片上移，打开废气再循环通道，废气进入进气管，废气再循环系统开始工作。该系统由于 EGR 阀膜片上方的真空度不能动态调节，因此，EGR 阀不能控制流进进气管内废气的量，因此 EGR 率保持一个固定值（图 9-5-20）。

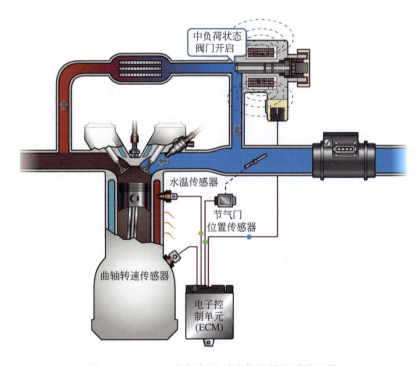

图 9-5-20　EGR 阀门打开时废气再循环系统工作

第六节　发动机电控系统常见故障案例分析

> **案例一：** 发动机无法启动故障分析

 1. 汽油发动机能够正常运行需要满足的三个基本条件

（1）充足的点火能量和准确的点火正时

点火系统是发动机的重要组成部分，汽油机缸内的混合气由点火系统所产生的高压电火花点燃。点火系统的作用是将蓄电池或发电机提供的低电压变为高压电，按照发动机的工作顺序和点火时间的要求，适时、准确地将高压电分配给各缸火花塞，使之跳火，点燃可燃混合气。

发动机正常工作对点火系统也有一定的要求。

❶ 能产生足以击穿火花塞间隙的高压电：在点火系统中所产生的强烈电火花应产生于火花塞电极之间，以便于点燃空气-燃油混合气。因为空气存在空气电阻，这个电阻随空气的高度压缩而增大，所以点火系统必须能产生几万伏的高电压以保证产生强烈火花去点燃空气-燃油混合气。

❷ 火花塞产生的电火花应具有足够的能量：一般要求电火花的点火能量为 50～80mJ，启动时应大于 100mJ。

❸ 点火时刻要适当：点火系统必须始终根据发动机的转速和载荷的变化提供正确的点火正时，过早点火和过迟点火都不能在活塞顶部形成足够的气体压力。

（2）良好的空气燃油混合气

发动机工作时，燃料必须和吸进的空气成适当的比例，才能形成可以燃烧的混合气，这就是空燃比。空燃比是混合气中空气与燃料之间的质量比例，一般用每克燃料燃烧时所消耗的空气克数来表示（图9-6-1）。

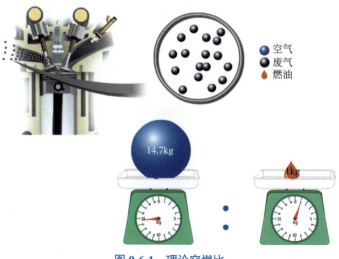

图 9-6-1　理论空燃比

每千克燃料完全燃烧所需最合适的空气克数称为理论空燃比，对于汽油机而言，理论空燃比 A/F=14.7。

空燃比大于理论值的混合气称稀混合气，气多油少，燃烧完全，油耗低，污染小，但功率较小，称为经济空燃比（图 9-6-2）。

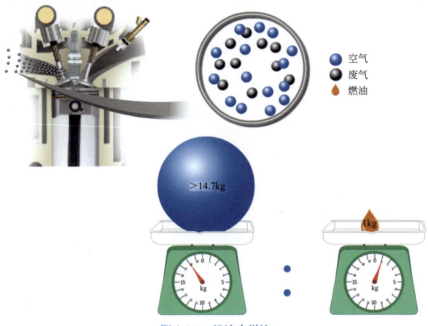

图 9-6-2　经济空燃比

空燃比小于理论值的混合气称为浓混合气，气少油多，功率较大，但燃烧不完全，油耗高，污染大，称为功率空燃比（图 9-6-3）。

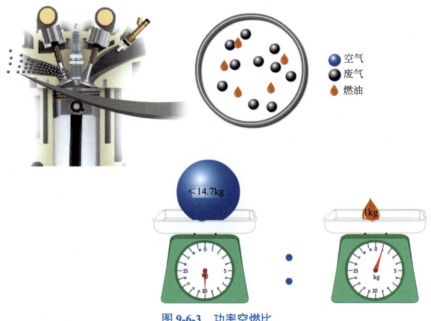

图 9-6-3　功率空燃比

(3)足够的气缸压力

无论是汽油发动机还是柴油发动机，能保持稳定且适当的压缩比才能使发动机的运转得以平顺和稳定。压缩比的定义就是发动机混合气体被压缩的程度，用压缩前的气缸总容积与压缩后的气缸容积（即燃烧室容积）之比来表示（图9-6-4）。

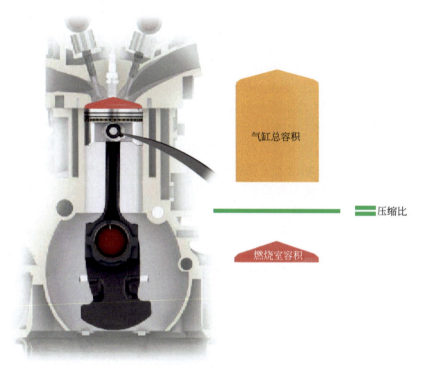

图9-6-4　压缩比

当没压缩的空气 - 燃油混合气被点燃时，燃油和空气的密度低，燃烧速度慢。而当被压缩的空气 - 燃油混合气被点燃时，高密度引起混合气突然燃烧（爆发）。即使是同样的燃油混合气，压缩的混合气点燃后也会比没压缩的混合气释放出更大的功率。此外，压缩的空气 - 燃油混合气会使空气与燃油的混合更为彻底，点火时汽油产生更高的气化率和更高的温度。压缩的空气 - 燃油混合气比不压缩的更容易燃烧。

通常，压缩压力越高，爆发压力越大。不过，压缩压力太高，就会产生爆燃。因此，汽油发动机的压缩比通常设计在9～11之间。

2. 故障分析

汽车在使用的过程中，发动机无法启动的情况时有发生，主要表现为以下两种情况。

（1）发动机不运转

启动发动机时，发动机没有转动，起动机无转动声响，或只会听见"咔嗒"一声，或启动时发出起动机空转声。

（2）发动机运转但无法启动

启动发动机时，起动机能带动发动机轻快转动，但无初始燃烧，无排气声，无启动征兆。

以下以第二种故障类型为例，介绍发动机无法启动故障的检修步骤。根据发动机正常工作的条件可知，造成第二种故障的原因可能是：点火系统故障；燃油供给系统及进气系统故障；气缸压力过低。前两者属于发动机电子控制系统故障，第三者是发动机机械系统故障。

❶ 发动机电子控制系统故障分析。控制部分主要装置是传感器。影响发动机启动的传感器，主要为影响点火系统点火的曲轴位置传感器、凸轮轴位置传感器。

曲轴位置传感器采集曲轴位置信号，输入ECU，用以确定点火时刻和喷油时刻。如果传感器出现故障，ECU将因为没有参考信息而无法进行计算和判断，也无法指挥点火线圈工作。

凸轮轴位置传感器是点火控制的主控信号。凸轮轴位置传感器采集凸轮轴位置信号，输入ECU作为判缸信号，从而控制喷油顺序和点火时刻等。

❷ 点火系统故障分析。点火系统故障导致发动机不能启动的主要原因是点火系统不能点火。所以诊断故障时，首先检查高压线是否有火花，确认点火系统是否故障。

造成点火无火花故障的原因通常有：火花塞故障；点火线圈故障；点火控制线路连接不良；曲轴位置传感器或凸轮轴位置传感器故障。点火系最容易损坏的零件是火花塞，应重点检查。传感器故障需要使用诊断仪读取故障码，根据故障码排除对应故障。

❸ 供给系统故障分析。供给系统中的燃油系统和进排气系统为发动机提供基本的动力原料。供给系统正常工作是保证发动机良好运行的关键。燃油系统不供油和进气系统不供气，均会造成发动机无法启动。

燃油系统故障主要是燃油系统无油压。故障原因可能是：油箱中无油；电动燃油泵故障；喷油器故障。

进排气系统故障主要是进排气堵塞。如果空气滤清器堵塞严重，则会造成发动机无法启动。同样，排气不畅也会造成发动机无法启动。

❹ 气缸压力过低故障分析。气缸压力低应从密封和正时两个方面考虑。

气缸内，活塞、气门、气缸盖共同组成燃烧室，保证气缸的密封性。如果活塞环折断或磨损严重，气门损坏或有积炭，气缸盖变形和气缸垫破损，均会造成气缸密封不良。

配气正时就是进、排气门的实际开闭时刻。在活塞运动到一定位置时，进排气门不能正常打开或关闭，就会造成气缸压力低，或无压力使发动机功率下降，甚至不能启动。

基于以上分析，总结出引起发动机无法启动的各系统故障原因分析图和故障排除流程图如图9-6-5、图9-6-6所示。

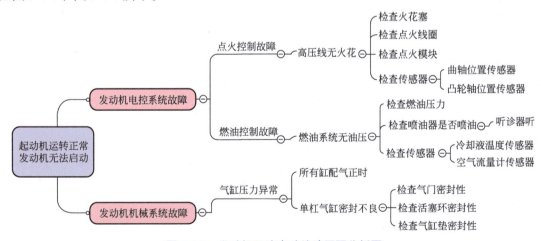

图9-6-5　发动机无法启动故障原因分析图

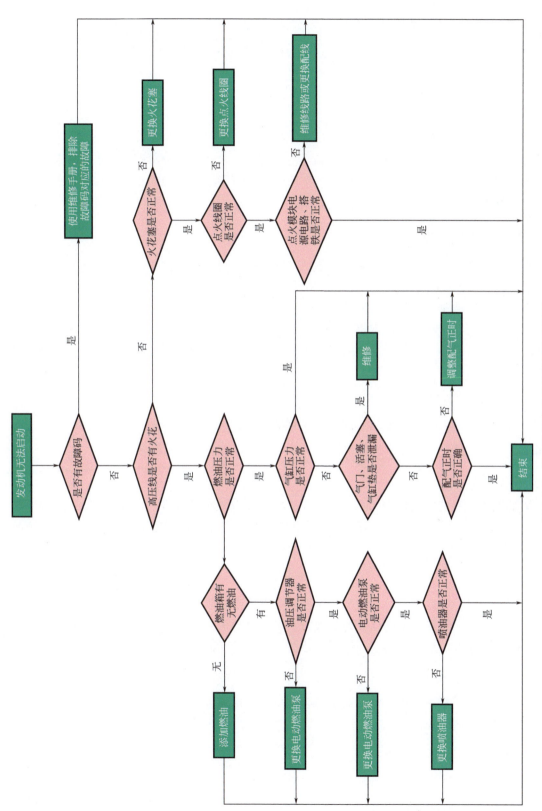

图 9-6-6 发动机无法启动故障排除流程图

209

案例二：发动机启动困难故障分析

在汽车启动过程中，可能会出现需要经过多次启动才能着火，或者启动有时容易、有时困难，可归结为以下两种情况。

1. 冷车启动困难

在长时间停车后，发动机温度恢复到环境温度时，起动机能带发动机按正常转速转动，有启动征兆，但不能启动，或需要连续多次启动或长时间转动发动机才能启动。在天气寒冷时，这种现象表现得更加明显。

2. 热车启动困难

在冷车的状态下汽车启动正常，但是热车熄火后，再次启动发动机，有时会出现无法启动或需要连续多次启动或长时间转动发动机才能启动。

发动机启动困难时，最常见的原因是混合气过稀。如果进气系统供气不足或燃油系统供油不足，均会引起发动机启动困难。传感器故障或气缸压力偏低也会造成发动机启动困难。归纳故障原因可能是：进排气系统故障，燃油系统故障，控制部分故障，点火系统故障，机械部分故障。

（1）进排气系统故障分析

进排气系统引起的发动机启动困难主要是进排气系统脏堵。进排气系统脏堵主要有进气道堵塞，节气门体脏堵，空气滤清器脏堵，或者节气门后方进气管路漏气。

（2）燃油系统故障分析

燃油系统引起的发动机起动困难，故障原因主要为燃油压力偏低。燃油系统压力偏低的故障原因主要为：喷油器故障，燃油压力调节器故障，燃油滤清器故障，燃油泵故障，燃油管路故障。

（3）控制部分故障分析

控制部分故障主要是传感器故障，主要检查方法是使用汽车智能诊断仪读取故障码和数据流，根据故障码和数据流确认并排除故障。引起发动机启动困难的传感器有：质量空气流量计，冷却液温度传感器，节气门位置传感器，进气温度传感器。

（4）点火系统故障分析

发动机启动困难时，确认点火系统是否有故障，首先是高压试火，如果火花弱，说明点火系统有故障，故障原因主要有：火花塞老化严重，高压线漏电，点火正时失准等。

（5）机械部分故障分析

机械部分故障主要是气缸密封性不良，造成气缸压力偏低。

基于以上分析，总结出引起发动机无法启动的各系统故障原因分析图如图9-6-7所示。

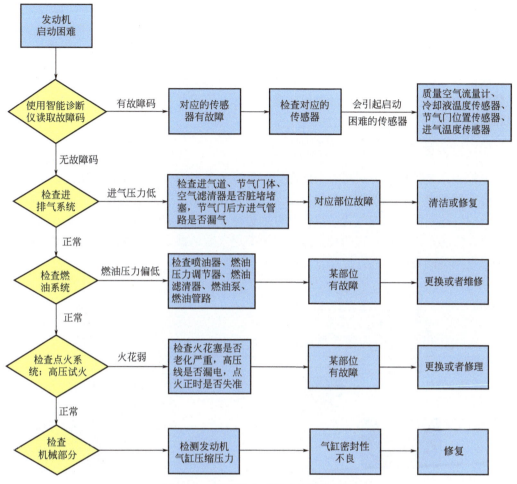

图 9-6-7　发动机启动困难故障分析图

造成发动机热车启动困难的原因可能有：冷却液温度传感器损坏、喷油器失效、点火模块损坏或空气流量计胶管密封不好等。

造成发动机冷车启动困难的原因可能有：喷油器堵塞、冷却液温度传感器传递信号错误、急速步进电机有故障、油压调节器故障或空气流量计故障等。

案例三：发动机怠速不稳故障分析

1. 怠速

怠速通常是指节气门关闭，加速踏板完全松开，且发动机对外无功率输出并能保持最低稳定转速的运转工况。

发动机怠速时的负荷如下。

❶ 曲柄连杆机构和配气机构的内部摩擦。

❷ 辅助驱动装置（水泵、发电机等）。

2. 怠速控制系统

（1）怠速控制系统的作用

怠速控制系统的作用是实现发动机在目标转速下稳定运转，并使发动机启动后快速暖机以及开启空调后怠速调整，使得发动机实现不同怠速工况要求，以实现良好的经济性、排放性能和运转性能。

（2）怠速控制系统的控制方式

怠速控制系统按控制方式可分为两种：一是控制节气门关闭位置的节气门直动式，执行元件通过节气门操纵机构调整节气门开度大小，达到控制怠速进气量的目的；二是控制节气门旁通道空气流量的旁通空气式，执行元件通过改变旁通控制阀的位置，调整旁通空气通道的进气量，实现怠速控制。这两种形式都以调节进气通道截面积的方法来控制空气流量，从而达到怠速调整的目的。两种控制方式如图 9-6-8 所示。

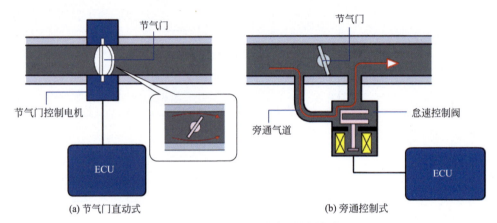

图 9-6-8　怠速控制系统的控制方式

（3）怠速控制系统的组成

怠速控制系统组成包含三部分：传感器、ECU 和执行器，怠速控制系统的执行器是怠速控制阀（ISCV）。

（4）怠速控制系统的基本原理

发动机控制系统具有维持正常怠速运转转速的功能，即怠速控制功能。传统的怠速控制是一种原始的手动控制或机械式控制，目前现代新型汽车的怠速一般采用 ECU 智能控制。在发动机控制模块 ECU 的 ROM 中存储有各种怠速工况下的最佳怠速转速（目标转速）。发动机怠速运转时，ECU 根据传感器检测的发动机状态参数确定目标转速，计算出目标转速与实际转速的差值，确定控制量，驱动怠速控制装置，改变进气量，使实际转速接近目标转速（图 9-6-9）。

3. 怠速控制原理

发动机怠速转速控制的实质是对怠速进气量的控制。怠速控制原理如下。

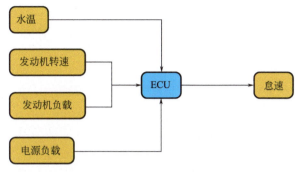

图 9-6-9　怠速控制系统的基本原理

（1）启动初始位置的设定

发动机停机，没有发动机转速信号传至 ECM 时，怠速控制阀全开以改善发动机再次启动时的起动性能。

（2）启动控制

在启动期间 ECM 根据冷却液温度传感器信号来调节怠速控制阀的开度，使之达到启动后暖机控制的最佳位置。

（3）暖机快怠速控制

ECM 根据冷却液温度传感器信号按 ECM 内部程序的控制特性控制怠速控制阀开度，随温度上升，开度逐渐减小。当冷却液温度达到 70℃时，暖机控制过程结束。

（4）预测控制

怠速状态中，如变速器挡位、动力转向、空调工作状态的变化都将使发动机的转速发生可预见的变化，ECM 收到信号后提前调节怠速控制阀的开度，增加怠速转速。

4. 故障分析

发动机怠速不稳的故障原因可能是多方面、多系统、多因素的，属于诊断与检测难度较大的工作，轻易换件的方法是不可取的，应根据检测结果、数据分析、维修经验做出正确判断。怠速不稳的故障原因主要有：发动机电子控制系统、进气系统、燃油系统、点火系统、发动机机械故障等。

（1）电子控制系统引起的怠速不稳

电子控制系统故障主要是传感器和执行器的故障，ECU 故障概率很小，不考虑在内。

❶ 传感器故障。传感器故障主要有冷却液温度传感器、空气流量传感器、进气温度传感器、氧传感器故障等，ECU 接收错误的传感器信号，并输出错误指令至执行元件，造成怠速不稳。

判断传感器是否故障时，可观察仪表盘上的故障指示灯是否亮起。如果故障指示灯点亮，则需要使用故障诊断仪读取故障码并检测故障。

❷ 执行器故障

执行器主要有怠速控制装置、EGR 阀、活性炭罐电磁阀等，阀的脏堵导致怠速空气控制不准确，出现怠速不稳甚至熄火现象。

对于执行器故障，一般先检查是否漏气或脏堵，必要时更换。

（2）供给系统引起的怠速不稳

供给系统主要故障在油路和气路。燃油系统主要是燃油压力故障。进气系统主要是进气系统管路泄漏。

❶ 燃油系统压力故障。常见原因有：燃油泄漏，燃油压力调节器不良，燃油滤清器堵塞，喷油器雾化不良等。

❷ 进气系统管路故障。进气系统管路泄漏，主要是指节气门体脏漏，排气不良，以及EGR阀、真空软管、PCV软管破损漏气或接口脱落及连接错误，进气歧管破损或歧管垫漏气，空气滤清器堵塞等。

（3）点火系统引起的怠速不稳

点火系统中，单缸失火或单缸点火不良均能引起发动机怠速不稳。常见原因有：火花塞电极烧蚀或有积炭。

（4）机械部分引起的怠速不稳

机械部分故障主要是气缸密封性不良，造成气缸压力偏低。正时链条故障也会造成发动机怠速不稳。

基于以上分析，总结出引起发动机无法启动的各系统故障原因分析图如图9-6-10所示。

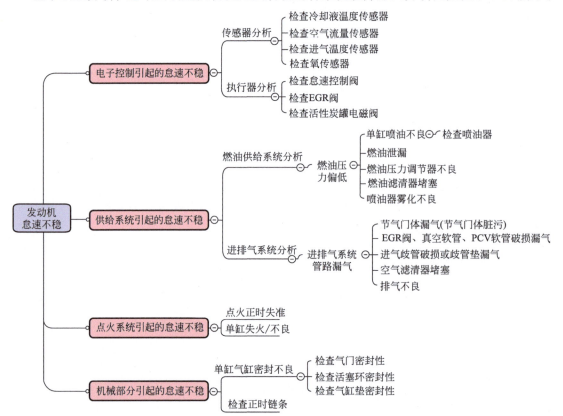

图9-6-10　发动机怠速不稳故障分析图

针对发动机怠速不稳故障，制定诊断流程如图 9-6-11 所示。

图 9-6-11　发动机怠速不稳故障排除流程图

案例四：发动机加速不良故障分析

汽车加速时，需要的油、气都要增多，如果供油和供气不足，必然会引起加速不良。汽车加速不良指的就是发动机加不上油，其故障表现为：踩下加速踏板后，发动机转速不能马上升高，有迟滞现象，加速反应迟缓，或在加速过程中发动机转速有轻微的波动，或出现"回火""放炮"等现象。

汽车出现加速不良故障时，可能存在的发动机故障有：发动机机械系统故障、燃油供给系统故障、点火系统故障、控制系统故障等。

1. 发动机机械系统故障

机械部分故障造成发动机加速不良的主要原因是气缸压力低。由于部分车辆使用时间较长，气缸、活塞和活塞环磨损使其配合间隙过大而造成气缸压力偏低，气缸压力偏低则会引起加速不良。

2. 燃油供给系统故障

供给系统中最常见的故障是进气管漏气和喷油器故障。由于进气管漏气量多，空气流量传感器检测到的进气量少，从而传给 ECU 的信号是进气量少，ECU 得到信号后控制喷油气的喷油量减少，但是，实质是发动机的进气量大，从而会造成因混合气过稀的发动机动力不足、加速不良现象。空气滤清器脏堵和节气门体积炭，也会造成供气不足。喷油器脏堵引起单缸喷油不良也会造成加速不良。

3. 点火系统故障

点火系统工作不良会导致发动机动力不足，点火不良有两方面原因：一是气缸缺火或火弱；二是点火正时不当，需要检查点火正时。

4. 控制系统故障

控制系统故障主要指的是加速踏板位置传感器故障和节气门位置传感器故障。

节气门位置传感器由节气门轴驱动，用于检测节气门的开度大小和开关的快慢，并将其转换为电信号传给 ECU，作为 ECU 判定发动机运转工况、调整喷油量和喷油正时的依据。如果是可变电阻式传感器，则可能出现触点磨损、电阻片断裂等故障；如果是霍尔式传感器，则可能出现霍尔元件破损、电磁线圈短路或断路等故障。

加速踏板位置传感器用于检测驾驶员踩下加速踏板的深度位置，安装在驾驶室内。加速踏板的位置不同时，该传感器所传送给 ECU 的电阻信号也不同，当加速踏板位置传感器出现故障时，其传送给 ECU 的电阻信号就有可能有误，进而导致汽车行驶故障。

基于以上分析，总结出引起发动机无法启动的各系统故障原因分析图和故障排除流程图如图 9-6-12 和图 9-6-13 所示。

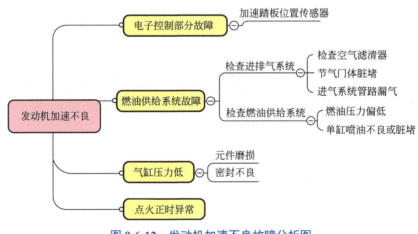

图 9-6-12　发动机加速不良故障分析图

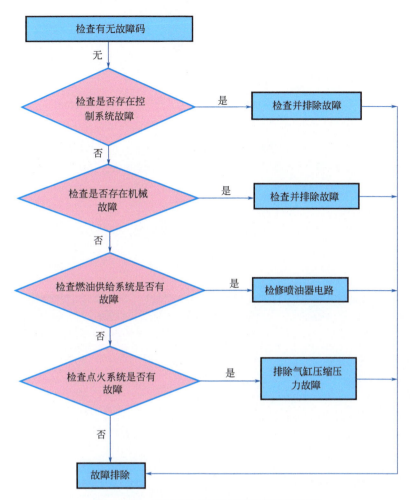

图 9-6-13 发动机加速不良故障排除流程图

参 考 文 献

[1] 周晓飞. 汽车构造与原理百日通. 北京：化学工业出版社，2017.
[2] 孙兵凡. 汽车定期维护（含汽车定期维护实训指导书）. 北京：化学工业出版社，2018.
[3] 李林. 汽车维修技能1008问. 北京：机械工业出版社，2013.
[4] 姚科业. 汽车传感器识别•检测•拆装•维修（双色图解精华版）. 北京：化学工业出版社，2017.
[5] 陈晓霞，周晓飞. 教你成为一流汽车维修工. 第2版. 北京：化学工业出版社，2017.

视频索引

视频内容	二维码位置	视频内容	二维码位置
汽车维修安全操作流程	P8	机油泵的拆卸与安装	P102
气缸盖、气缸垫拆卸与安装	P25	燃油供给系统的组成	P112
油底壳的介绍及作用	P26	喷油器检查	P117
活塞连杆组拆装	P31	检查燃油压力	P129
曲轴皮带轮拆卸与安装	P48	燃油压力	P157
2.0升汽油发动机更换正时链条	P58	空气滤清器的介绍及工作原理	P164
凸轮轴的结构、功用和常见损伤	P66	空气流量计检测	P166
凸轮轴的拆卸与安装	P68	节气门拆装与清洗	P176
液压挺柱的介绍及检查	P70	电子节气门检测	P177
冷却系统的原理	P78	检查点火线路	P180
检查与更换传动皮带	P81	检查火花塞	P181上
水泵的拆卸与安装	P83	更换火花塞	P181下
冷却系统渗漏的原因	P92	曲轴位置传感器的拆卸与安装	P185
更换机油机滤	P99	爆震传感器的拆卸与安装	P191
机油泵的介绍及工作原理	P100	氧传感器检测	P197